动物思维

新常态下企业生存之道

王汝中 著

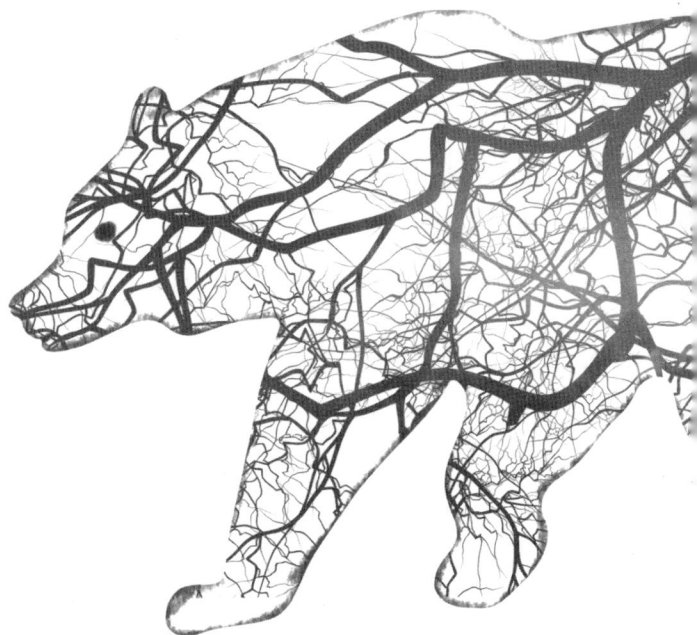

ZHEJIANG UNIVERSITY PRESS
浙江大学出版社

向动物学习，练就一身过冬的本领

寒风肆虐下，鸟兽鱼虫忙忙碌碌、生机勃勃的场面一去不返，候鸟们早已成群结队地南飞，大地上的小动物们难得一见。大自然一片肃杀清冷之气。

人间降霜雪，经济遇寒冬。2008年冬天，随着大洋彼岸次贷危机的爆发，经济风暴席卷全球，所有企业在顷刻间感到阵阵寒意侵身，世界经济瞬间进入"严重低迷"阶段。没有哪家企业生活在真空里，它们或多或少、或大或小地承受着严寒和风雪的考验，如同寒冬里的各种动物。

然而，动物们可不是胆小鬼，它们往往有着五花八门、超乎寻常的御寒方法，展现出超强的生命力。

聪明的动物会准备过冬的棉衣：鸟、鸭、兔子、狐狸会换毛，还储存一层厚厚的脂肪，像毯子一样紧紧裹住身体；勇敢的动物会选择迁徙：大雁、牛羚都是远徙的高手，提前做好过冬的准备；富有爱心的动物妈妈或者爸爸们，还有过冬的诀窍：金龟子为幼虫准备充足的营养，蓑蛾会编织一个育儿口袋，让幼虫躲避风雨侵袭；更常见、更安全的动物过冬方式是冬眠：蝙蝠倒挂在房梁上，灰熊一直睡到春暖花开。

没有哪种动物会在严冬中绝种，它们各式各样的过冬经验告诉我们，冬天不可怕，可怕的是缺乏生命力和抵抗力。如果只知道生活在安逸温暖的温室中，反而迟早会被冻死；而如果你适应冬天的变化，掌握过冬的技巧，冬天就会让你变得更强壮。

经济严冬下的企业完全可以学习动物，发挥自己的优势和特长，找到适合自己的越冬方式。

你可以减少各项费用和开支、全面压缩经营管理的费用、降低决策成本，像一只藏入洞穴中冬眠的动物，蛰伏起来，凭借最小的消耗，平安顺利地熬过寒冬。

你可以控制库存，加快滞销品促销，减少不必要的工作程序，提高资金使用率。这种练好内功、做好管理的办法，就像穿着保暖内衣的北极熊，可以在冰天雪地里自由漫步。

你可以集中优势兵力，打入自己认定的区域市场，打开产品销路，就像那些不停迁徙的候鸟和牛羚。

你还可以学习雪豹，吃掉任何可以发现的肉类，寻求快速、多元的融资渠道。

……

总之，动物们独特的越冬本领，足够令我们尊敬，足够启发企业在时刻变化和竞争激烈的经济环境中，练就一身独到的绝活。这样不仅能够很好地生存，而且能够快速地成长。

本书生动地把动物过冬的方式与企业应对危机的策略巧妙地结合起来，通俗易懂，并且有较强的趣味性。企业过冬，是个长期艰巨的任务；如何过冬，也非一招一式所能奏效。本书提出的"新常态下企业的生存之道"，希望能够给你带来哪怕一丁点的启迪。

冬天再漫长，终有过去时。记得一首唐诗写得好："好雨知时节，当春乃发生。随风潜入夜，润物细无声。"经济危机不可怕，只要你有信心，有耐心，并做好了迎接春天的准备，那么和煦的春光迟早会洒满大地。

目录 CONTENTS

CONTENTS

第七章　学有爱心的动物，养育虫卵过冬

第八章　学智慧的动物，找一块安全地带

CONTENTS

第一章

寒流侵袭，
经济严冬真的来了！

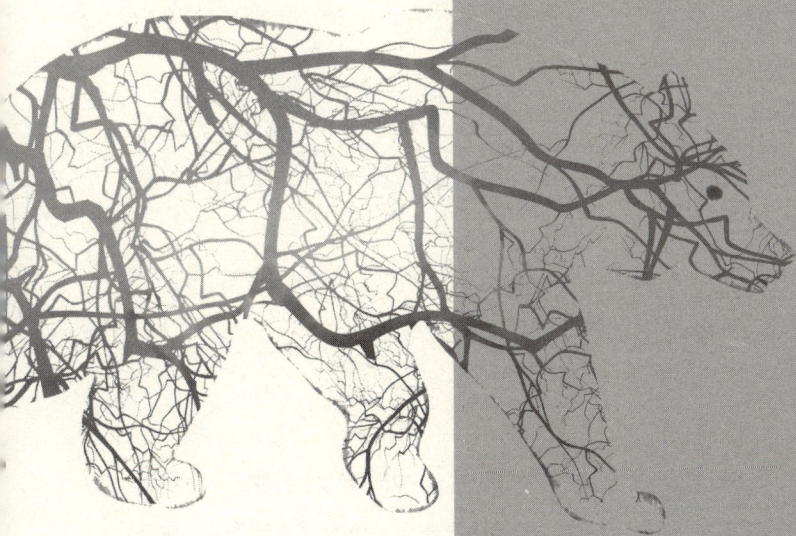

法则1
严霜侵百草，萧瑟寒冬至
——经济危机会周期性爆发

"千里黄云白日曛，北风吹雁雪纷纷。"一句古诗让我们感受到了秋去冬至的萧瑟气氛。

人间降霜雪，经济遇寒冬。2008年冬天，随着大洋彼岸次贷危机的爆发，经济风暴席卷全球，无数企业被迫关门倒闭，房市崩盘、股市暴跌，企业家们无不惊呼：经济严冬来了！

定义：什么是经济危机？

经济严冬，是经济危机的另一说法，指的是某个或多个国家与地区，乃至全球范围内的经济，在较长一段时间内持续负增长，进而造成大规模经济萧条的现象。1825年英国第一次爆发经济危机，此后这一现象成为周期性发作的经济"疾患"，经常危及全球。

经济危机的周期性爆发，让人联想到一年四季更替，从春天孕育、夏秋生长、成熟，到收获之后必然要面对的严寒，经济运行的规律也是如此。本次经济危机很具有代表性。

美国的房地产业十分繁荣，市场运作快速高效。然而，繁荣的背后却蕴藏着巨大的风险，这个风险来自超前消费。

【趣闻快读】

一个中国老太太和一个美国老太太在天堂相遇。中国老太太说："我存了三十年的钱，晚年终于买了一栋大房子。"美国老太太说："我住了三十年的大房子，晚年终于还清了全部贷款。"

美国老太太的观念代表了美国的消费方式，当银行等金融机构中的不良贷款越来越多，以至于影响到未来贷款行为时，银行开始无力支付。人们对经济前景变得忧心忡忡，于是投资减少，购买力下降，信贷危机一发而不可收。

少了银行等金融机构的支援，企业立刻感到紧张，加之产品销量下滑，而这更加重银行的担忧，于是恶性循环，很多企业不得不裁员减薪，停止产品开发，压缩开支。企业如同寒霜侵袭、落叶飘零般纷纷倒闭关门，繁荣不再，寒意弥漫。

美国的金融业垮台，导致服务业尤其是虚拟经济遭受重创，进而影响各行各业。美国金融业在全球占据龙头地位，它是世界财富的衡量器，一旦失衡，世界经济便陷入混乱之中，并且迅速波及其他国家。

"一夜北风紧"，经济严冬就此降临，来得如此迅猛，如此出人意料，如此残酷，许多企业都没有做好准备，只好仓促应对。的确，如果没有掌握过冬的技巧，就可能会被冻死。

【怎么办】

冬天不可怕，无数动物们过冬的经验告诉我们：如果你缺乏生命力和抵抗力，只知道生活在温室中，迟早会被冻死；如果你适应冬天的变化，掌握过冬的技巧，冬天反而会让你变得更强壮。

冬天不可怕，体弱的、有病的动物会死去，给更坚强、更健康的动物腾出空间。如果你具备完善的产品、合理的管理，又有强烈的社会意识，便能在严冬中挺住，最终迎来生机勃勃的春天。

一语珠玑 一只蝴蝶在巴西轻拍翅膀，可以导致一个月后德克萨斯州的一场龙卷风。

——爱德华·罗伦兹

法则2
候鸟欲南迁，冷暖当自知
——必须清醒地认识企业自身情况

候鸟不远万里，来回奔波，定时迁徙，这是它们多少年来的习性。它们在一个地方孵育幼鸟，然后跋山涉水到达远方，为的就是避寒。

鸥鸟是擅长远途迁徙的动物，它们每年秋天从北冰洋开始起飞，一直飞到遥远的阿根廷，路程达2万公里。这么长距离的迁徙，这么陌生的两地环境，难道没有更好的过冬办法吗？

毫无疑问，迁徙要消耗大量能量，不过一旦到了温暖的地带，候鸟就会节约下大量用来调节体温的能量。与之相较，定居北方的鸟类虽然不用消耗能量南飞，但它们必须替换一身更保暖羽毛。是准备过冬的羽毛和保暖措施，还是飞到温暖的地带过冬较好？在两者花费相等的情况下，该如何做出选择？

实际上，一个重要的问题是候鸟不会长出浓密的羽毛，更缺乏过冬的粮食。没有粮食，再暖和的地方也无法生存。所以，让可爱的燕子在寒冷的北方过冬，是不可能的。

该如何过冬？鸟类的经验告诉我们，应该选择适合自己的方式。在全球经济危机形势下，没有谁能做到独善其身，不受影响，先清醒地认识自己的实际情况，也许更有意义。

不少企业学习候鸟南迁，试图"走出去"，到国外求发展。可是国外有没有热土？自己是否已经储备好了迁徙所需的能量呢？

【案例分析】

2000年，IBM派人找到联想总裁柳传志，提出收购计划，结果被柳传志一口回绝。原因很简单，他认为联想还没有强大到拥有驾驭IBM的能力。经过几年的发展壮大，联想认为自己有了足够的实力和底气，对行业有了充分把握，决定进军海外"抄底"。其后，以杨元庆为首的八人团队，包括中外双方各四人，经过多方磨合，在2005年5月完成收购IBM全球PC业务。

对于这典型的"蛇吞象"收购案例，柳传志深有感触："走出去是必然的，其过程中有流血也是必然的，关键是企业在走出去之前，对自己有没有清醒的认识，这样才能少流血。"

每个企业都生存在一定环境中，所谓当局者迷、旁观者清，在经济危机下，很多企业可能无法看清自己，无法理解全球性救市措施和政府刺激经济政策对自己的作用。企业在逆势而上与保存实力之间难以决断。究竟该逆势而上，险中取胜，还是保守务实，但求生存？

以并购跨国企业为例，做出这样的大动作，企业必须先找准自己的定位，看清自己的实力，衡量一下自己是否已具备"走出去"后适应新环境的能力，毕竟文化的交融、管理的磨合，需要付出大量的精力和成本，这个路费交得起吗？

建议打算"迁徙"过冬的企业，先认清自己，尽量少花冤枉钱，不要迁徙不成，反而动了根基、伤了元气，那就得不偿失了。

企业不同，过冬的策略也有所不同，有的可以跨地域发展，有的可以通过整合上、下游的渠道空间取得链接式发展，还有的采取冬眠策略也许会更有用。"抬头看天"，多去关注经济形势，了解风云变幻，那么在危机临近时，才能做出必要决断，不至于让企业措手不及。

多数情况下，一家企业如果缺乏跳到圈外观天下的本事，只会坐井观天，恐怕出问题是早晚的事。

另外，不管是战略转移还是财务投资，"走出去"都需要消耗能量，保证能量供给是第一位的。

【怎么办】

　　如果你是一家规模较小的企业，没有精力去考察行业规律、企业方向等，最好先"做事"；如果你是一家具备一定规模、储备了一定能量的企业，那么适合"做市"；如果你是一家大企业，规模雄厚，能量充足，是该考虑"做势"了。

> **一语珠玑**　不知道并不可怕和有害。任何人都不可能什么都知道，可怕的和有害的是不知道而假装知道。
>
> ——列夫·托尔斯泰

法则3

不耐三冬冷，冻死不足奇

——关门的都是脆弱商家

经济严冬下，倒闭关门的企业接二连三，并非只是规模小的企业耐不住严寒，有些传统的知名企业如通用汽车、美林公司、Rosenthal陶瓷厂等也无法摆脱厄运，只好关门大吉。仅仅2008年年底，人们就看到倒闭企业数量呈直线上升，西欧各国倒闭的企业多达15万家。其中西班牙和爱尔兰简直像推倒了多米诺骨牌般，企业接连倒闭。2009年伊始，更多的企业加入关门行列，倒闭风潮蔓及全球，失业潮令人忧心忡忡。

与经济严冬中失控的企业倒闭潮相比，自然界有些动物在冬天却依然保持着清醒的头脑，过着秩序井然的日子，它们似乎不为严寒所动。究竟是什么动物具有如此强大的本领呢？

答案出人意料：蚂蚁。蚂蚁虽小，却有着超强的本领，它们一年到头不知辛苦地劳动，在冬天来临之前，更是预先搬运杂草种子，为过冬做准备；它们还会将蚜虫、飞蛾、甲壳虫等昆虫的尸体，以及它们的虫卵，搬运到自己的洞巢内，在冬天找不到东西可吃时，就以之为食。

每只蚂蚁都可以安然过冬，不会被严寒冻死。它们的这种本领得益于良好的生物钟系统。这种生物钟运行规律会在寒冬来临前就让蚂蚁做好过冬的准备，所以它们才有了令人羡慕的越冬能力。

经济如同天气一样也有自己的运行规律。如果企业如同蚂蚁一样，遵循规律营运公司，也能抵御住严寒的侵袭。综观那些纷纷倒闭的公司，你会发现它们大多有以下方面的缺陷：

(1)企业不重视科技发展，缺少创新产品和技术，从而失去了活力，进而变得"体质"太差。

(2)企业不能顺应自然发展规律，违反环保、经济等政策，使自己置身于不利环境中。

(3)管理跟不上，缺乏创新机制，防御能力差，无法应对瞬息万变的经济变化，在严寒中更容易冻僵。

体质差、环境不利，再加上没有很好的御寒措施，可以想象，这样的动物肯定会首先被严寒冻僵。关门的企业也是如此。在这类企业中，生活用品类生产企业，如衣服、鞋帽生产企业，很容易成为首当其冲的倒闭者。

这是由于衣服、鞋帽的行业技术含量不高，创新不受重视，企业多靠模仿度日。你学我，我学你，模仿来模仿去，这样做在温暖如春的经济环境中，顾客购买力较强时尚可生存，可是寒风一吹，人人看紧口袋过日子了，哪还有人肯为这种产品买单？结果，产品堆积如山，亏本都卖不出去。没有了顾客，企业除了关门别无选择。

【案例分析】

在第54届美国总统大选中，两个候选人布什与戈尔得票数十分接近，难分伯仲。而关键时刻，佛罗里达州计票程序又引起了双方的争议，计票工作不得不暂时中止。诺博·斐特勒公司原计划发行新千年总统纪念币，但选举结果的推迟公布，打乱了公司的计划。这时，公司高层突发灵感，想出一个化危机为商机的妙策。他们将早已准备好的布什与戈尔的雕版像印在同一枚银币上，抢先发行了四千枚。纪念币不分正反面，一面是布什的肖像，一面是戈尔的肖像，用纯银铸造，直径三寸半，每枚定价79美元。银币面市不久，就引起了人们收藏热潮，很快四千枚银币销售一空。诺博·斐特勒公司抓住了这一千载难逢的机会，大发了一笔政治财。

诺博·斐特勒公司在危急关头，勇于创新，抓住了一闪即逝的商机，取得了一次发展良机。所以，平时不肯动脑筋，不肯下力气从创新、储备方面着手，不为未来着想的企业，永远没有蚂蚁不畏严寒、安然过冬的本事。

除技术创新之外，管理创新是御寒的保暖措施。一个体质再强壮的人，冬天赤裸着身子出门也会瑟瑟发抖。的确，有些企业为了装点门面，走进去一片豪华气派的景象，他们认为这就是管理得力，就是实力雄厚。殊不知，真正能为企业抵御严寒的是企业的创新力和人才。

【趣闻快读】

一家公司请来一位非常有名的销售总监，为了表示尊重人才，总裁为他配备单独的房间，进行豪华装修，并特地安装了最安全的门。总监走进来后，说了一句话："这种'装备'，还有人敢进来吗？"

企业管理重在创新，重在内部形成强大的动力系统，这样才能灵活机动地应对任何风吹草动，抵御严寒侵袭。这个系统中人才是第一位的，如果哪个企业频繁更换员工、不断培训新员工，这除了可以少支付薪水外，对人才储备没有任何好处。如果企业没有固定的管理程序，中层人员享有太多的特殊权力，很快就会把企业搞乱。有些总裁自以为是，以"大乱大治"的政治手腕管理企业，这无异于"自我了结"，很快就会把好端端的企业送上不归路。还有，企业内部缺少沟通机制，会浪费很多宝贵的意见、看法。信息社会，如果沟通不畅，就如同盲人摸象，不要说应对严冬，就是感知严冬也要比别人慢半拍，实在可怕。

【怎么办】

企业倒闭原因种种，它们的事例一而再地提醒我们，要从自身找原因，做一只勇敢聪明的"蚂蚁"，从本质上武装自我，不要成为脆弱的可怜虫。

> **一语珠玑** 失败是坚韧的最后考验。
>
> —— 俾斯麦

法则4
像北极熊一样穿上保暖内衣
——有备无患是抵御严寒的基础

你一定知道北极熊吧！北极圈最寒冷的冰层上，北极熊悠闲地踱着步子，以灵敏的嗅觉寻觅着海豹的踪迹。当闻到海豹的气息时，北极熊就会急速地冲过去，抓捕猎物。

北极熊是北极圈内当之无愧的动物之王，它们不但不怕寒冷，还特别喜欢严寒，担忧气温变暖。是什么赋予北极熊如此高强的耐寒本领呢？当然是它身上那层厚厚的白皮毛。北极熊的白皮毛非常厚实，连耳朵、脚掌上都是如此，即便下水游泳，也不会弄湿自己的皮肤。厚厚的皮毛连着肌肉，当气温变化时，肌肉绷紧毛发竖起，足以隔绝冷空气达到保暖目的。而且北极熊的毛结构复杂，中间是空心的，更增添了保温隔热效果，像极了我们今天穿着的保暖内衣。其实保暖内衣正是模仿北极熊的空心皮毛做出来的，具有良好的保暖效果。

【案例分析】

1939年，两位年轻的美国人比尔·休利特和大卫·帕卡德，在加利福尼亚州帕罗奥多市艾迪森大街367号一间狭窄的车库内，创办了自己的公司，取名惠普。他们满怀激情，憧憬着科技带来的美好未来。

惠普就这样起步，融入汹涌澎湃的经济大潮中。70多年中，它经历了二战、经济危机、行业衰退等大事件，目睹了许多同行或同时代的企业接二连三地倒闭、转行、退缩、停产。美国企业的生存率普遍不高，据统计，60%的公司撑不过5年，大中型企业的平均寿命不过三四年光景。

惠普却度过了一次次危机，并且一路凯歌不断，在危机中发展壮大起来，创造了各种辉煌业绩。2009年，在新一轮经济危机下，它以"成本融冰，积沙成金"的商业用户文印节省战略，再次高调而自信地与严冬对抗，一举登上美国《财富》杂志2009年全球最受尊敬企业排行榜。

惠普一次次安然过冬，并且称雄业内乃至整个经济界，与他们注重"保暖内衣"策略不无关系。多年来，他们强调"做自己有优势的业务、以客户需求为导向和一流的执行力"，坚持为客户做自己可以做好的事情，从不为市场流行趋势所动，而去谋求短期利益。

稳扎稳打，是惠普成功的根本。不管在怎样恶劣的环境下，他们都从管理上控制成本，在执行上严格管控流程，发挥每位员工的优势，保证不出现大错误，进而顺畅地发展下去。

练好内功，做好管理，就像穿上一件保暖内衣，是抗寒的基础。2009年，惠普提出"成本融冰，积沙成金"战略，就是希望能够在如此严峻的经济环境下，帮助中小企业降低成本，减少资金压力，为此而推出了新的打印机产品组合与方案。此战略一方面为顾客着想，可以为他们节约30％~50％成本和能源消耗，另一方面便于惠普去发掘客户深层次的需求，是双方沟通的绝佳机会。

与惠普相似，起步较低，发展却很顺畅甚至突飞猛进的公司还有一家：安利。提起安利，其直销模式家喻户晓，从业者成千上万。

1959年，理查·狄维士和杰·温安洛在美国密歇根州亚达城自家地下室，创建了安利公司，当时公司只有5个人，办公面积不过200多平方米，唯一的产品，是一款清洁剂。除此之外，别无他物。

同样地，安利也经历了各种各样的市场危机，特别是一度受到打击的直销模式，几乎将其扼杀。然而，安利秉承一个观念："不管外部经济条件好还是不好，我们都会坚守企业的基本价值观，然后采取灵活策略渡过难关。"风风雨雨50多年，安利面对着太多需要改变的东西，比如在不同区域、不同时间推出不同产品或不同营销策略等。可是他们没有变，仍然扎根于自己的价值观，一如既往地以优质产品、真心服务、尊重客户为出发点，并取得了辉煌。在经济严冬下，安利更是以"点亮2009"为口号，坚定地表明自己的立场，与经济学家们高唱的"裁员、减薪、抱团取暖"等过冬措施相比，更加自信，更加有力。

【怎么办】

练好内功最关键。打好基础，拥有一件保暖内衣很重要，不要因为惧怕寒冷而拒绝严冬；也不能因为有了保暖内衣，就无所顾忌，忘记了竞争的激烈和市场时时刻刻都潜藏着的巨大风险。否则，稍微大意，就可能把自己置于危险之中。

> **一语珠玑** 多样化会使人观点新鲜，而过于长时间钻研一个狭窄的领域，则易使人愚钝。
> ——贝弗里奇

法则5

向紫貂学习

——僵硬中孕育复苏的火种

俗话说："东北有三宝：人参、貂皮、鹿茸。"其中珍贵的貂皮来自动物——紫貂的皮毛。紫貂外形很像黄鼠狼，因其皮毛乌光透亮、柔软美观而闻名于世。不过紫貂可不是依靠皮毛过冬的动物，生活在寒冷的东北地带，它拥有更为出名的"过日子"本领。

紫貂很会"持家"，不像一般动物那样，随随便便在土洞或石头下铺些野草、毛发就能安家。它很细心、很讲究，有一个完整高级的"公寓"。在公寓里，紫貂精心地布置了"卧室"、"储藏室"、"厕所"，如此精巧的套间设计，使它可以将各种食物保存起来，不管是鸟、兔、鱼等肉食，还是蘑菇、野果等蔬果，丰富多样，应有尽有。

最为人所称道的是，紫貂有一手晾晒食物以防止腐败的绝活。它会将各种食物悬挂在高高的树枝上，让其慢慢风干，再予以储藏，留到冬天食物匮乏时，再拿出来填饱肚子。在北国大地万里雪飘时，想在茫茫雪地上寻觅一星半点食物都是很难的。而紫貂在自己温暖的"公寓"里，吃着风干的食物，可以安然过冬。而如果平日没有准备的话，到那时只能饿得哀哭嚎叫，苦度时光，或被活活饿死、冻死。

"早起的鸟儿有虫吃"，联想当下经济严冬，有多少企业做到了紫貂的未雨绸缪？从本质上说，经济危机就是经济泡沫破裂，就是经济周期的冬天时节。这个时节迟早会来到，无论政府也好，公司也好，所做的努力都并非要拒绝冬天来临，而是如何准备过冬。

美国次贷危机，是房地产泡沫破裂的典型代表，格林斯潘的一句"我错了"，是对金融衍生泡沫无限膨胀、不加控制的深刻反省。经济的严冬来临，世界各国、各大公司都在采取措施，拼命抵制，以图刺激经济，阻止泡沫破裂。然而，事实面前，就像那些没有准备的动物很难在茫茫雪原找到可吃的食物一样，这些努力几近白费。国际五大投资银行连续垮了三家，剩下的两家重创在身，气喘吁吁；微软被迫裁员，缩小开支；日本各大公司拉响警报；冰岛国家面临破产……

我们不妨从紫貂那里学习经验，制定切实可行的策略。

一、即时补充现金流。

对一家企业来说，现金就像整个公司系统里的"血液"。企业可以通过负债来照常经营，但如果没有了现金，就只能破产。这就像紫貂准备的食物，食物没了，它也就难以生存。如何保证现金的流动性，不断地有"食物"可取，是防止挨饿的关键。

(1)加速资金流动，特别是库存物资、各种账款，是危机中抗击风险的有力武器。

生产型企业中，资产负债表中的流动资产占较大分量，其中库存物资又占据一大块。这一大块既有成品、半成品，也有各种原材料等等，如果能够将这一大块进行有效运用，兑现成现金，岂不是就像紫貂储备的风干食物那样，可以提供很长时间的需求？

各种账款包括两部分：应收的和应付的。不少企业销售业绩不错，但经营却举步维艰，原因之一就是应收的钱款收不回来。收不回钱，就等于白费工夫，拿什么来养活员工和企业？遇到这种情况，最好的办法就是优化销售系统：一是淘汰信誉差的客户，多与信誉高的客户做生意；二是回收货款时，采取优惠、激励政策，鼓励客户即时交钱；三是采用货物对冲、资产对冲等方法，实现资金流动。当然，具体的操作方法还有很多，但要注意：像紫貂一样，将手里的食物多拿出去晾晾晒晒，不要让它们腐败，是企业中减少坏账、呆账，促进现金流动的一个好办法。

(2)闲置资产、固定资产，是提供现金的好后台。

提高固定资产使用率，将闲置资产尽量有效运用，也会带来很大数目的现金。如何做到这一点？靠的是企业敏锐的商业头脑。紫貂就具备这一能力，尽管它储备了食物，可是闲暇时偶尔外出，也会选择那些送到嘴边的食物作补充。比如一只因为饥渴在雪地上奔波的田鼠，很可能会成为紫貂的一顿美妙晚餐。

二、稳中求胜，不要急于扩张。

一般来说，经济危机到来之前都有一段高速增长期。危机爆发前，全球经济喜人，国际化、企业兼并、资本运作等经济符号层出不穷，迷人耳目。这让人想到一年之中最为丰盛的秋天。秋季是成熟的季节，百果丰收，万物熟透，几乎使人没有空闲去想象寒冬是什么样子。可是，寒风一吹，冬天说来就来了。这时，那些扩张的项目只好搁浅，那些原本热门的明星业务突然死亡，企业不知不觉陷入萧条之中。

因此，在极度繁荣之时，企业必须头脑清醒，避免过度扩张业务，尽量舍弃风险与收益不对称的项目决策。美国波士顿咨询公司的产品结构组合分析法认为，在销售增长率与市场占有率相互作用下，会出现四种不同性质的产品类型，形成不同的产品发展前景：①销售增长率和市场占有率"双高"的产品群（明星类产品）；②销售增长率和市场占有率"双低"的产品群（瘦狗类产品）；③销售增长率高、市场占有率低的产品群（问题类产品）；④销售增长率低、市场占有率高的产品群（现金牛类产品）。经济高速增长期，企业往往注重开发明星类产品业务，却忽视现金牛类产品业务；可是一旦经济衰退发生，现金牛类产品业务就立刻转为经营核心。这种经济规律要求企业在危机时，必须转变经营思路，以现金牛业务为先，维持现有市场规模，并渗透其中，开发具有活力的新市场；同时，加速现金牛业务流程，减少没有价值的环节支出，以此降低成本、提高效益。

三、压缩部分业务，提高竞争能力。

生存是企业的先决条件，严冬时节，为了生存舍弃部分利益，减少能量消耗，是必不可少的手段。就如聪明的紫貂不仅有温暖的"公寓"、充足的食物，还尽量减少外出活动，避免不必要的能量损耗。

(1)对于企业来说，减少消耗除了降低成本外，还要认清自己的产品结构，淘汰部分产品。

最佳产品组合是："问题产品"必须迅速淘汰，"明星产品"应该尽快转化为"现金牛"，而已有的"现金牛"必须全力保护，不受任何冲击，至于"瘦狗类产品"，也不是一棍子打死，而要适当保留。原因在于"瘦狗类产品"是"现金牛"的挡箭牌，在价格战中可以发挥攻击对手、保护"现金牛"的作用。

(2)能够度过严冬的动物，都有很强的竞争力；能够渡过危机的企业，也有自身的竞争优势。迈克尔·波特的价值链理论告诉我们，企业在技术研发、采购、营运、营销等一系列方面都存在竞争性。如果企业在每个环节发挥优势，像紫貂建构"公寓"那样，采取合理、科学的分配方式，留出充足的生活空间，势必增强对抗危机的能力。

四、通过战略联盟，达到取暖效果。

"取暖"是手段，生存是目的，在寒风中抱成一团会更暖和。企业间通过联盟渡过难关已是常见的事情。它们会通过供求关系实现联盟，或者通过行业内部整合实现联盟，不管哪种联盟，大家形成一个整体，共用资源，分担风险，会以更强大的合力抵制危机。建立供求联盟，可以有效地组织生产运作，使供应体系迅捷，进而减少库存成本，加快现金流动。世界上许多优秀企业都是采取这种形式：在经济增长期可以获得更多利益分配；在经济危机来临时，会降低风险，稳定发展。

还有些企业喜欢专业联盟，比如资本所有者提供资本、专业所有者提供技术、管理咨询公司提供管理方案等等，这是一种更广范围的社会分工，会极大提高运作效率，进而明显地发挥个人优势，降低各环节成本。

不要以为紫貂没有联盟意识，它在储备过冬食物时，早就成为食物链上重要一环。不然，形体小巧的紫貂何以在寒冷的东北森林中立足呢？

【怎么办】

"不谋全局者，不足谋一域；不谋一世者，不足谋一时。"危机当前，企业除了把握自身行业、自身资源等动态外，需要从全局环境、整体经济形势去分析，去想办法，去寻找更多、更好的过冬策略。

> **一语珠玑** 当你做成功一件事，千万不要等待着享受荣誉，应该再做那些需要的事。
>
> ——巴斯德

第二章

吹响防寒的号角，
这个冬天企业该如何度过？

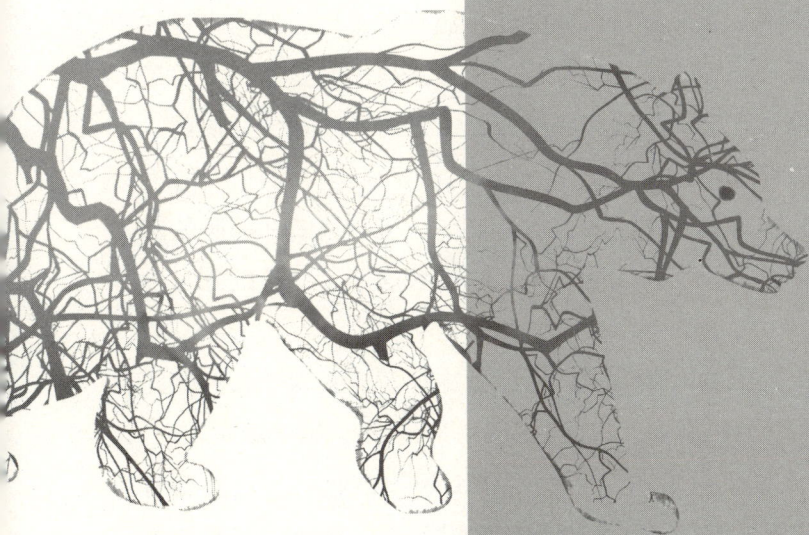

法则6

想起了寒号鸟的故事

——短视的商家难走远

面对经济严冬，各行各业或者亮起"关门大吉"的牌子，或者拼命裁员减薪，以求降低成本、得以艰难度日，这不禁让人想起寒号鸟的故事。

【趣闻快读】

寒号鸟的窝筑在石崖的缝隙中，对面树上住着喜鹊。秋风吹过，喜鹊开始到处寻找落叶枯枝，忙着垒巢过冬。寒号鸟看到喜鹊如此辛苦，不以为然，依旧每天飞出去玩乐，回家便倒头大睡。喜鹊好心地劝说寒号鸟："不要睡了，趁着天气好快筑窝吧！"寒号鸟却不听劝告，还嚷道："吵什么，这么暖和的天气，正好睡觉。"

就这样，冬天悄然来临，北风怒号，喜鹊住在温暖的窝里，寒号鸟躲在崖缝里受不了了，冻得直打哆嗦，不住地啼叫，想着天亮了赶紧垒窝。可是第二天太阳出来了，风停了，又一副暖洋洋的景象。寒号鸟觉得十分惬意，早忘了垒窝的事，拍拍翅膀出去玩耍了。

转眼间，冰天雪地，寒号鸟的窝里冷得像冰窖。晚上，喜鹊在温暖的窝里听到寒号鸟的哀鸣。第二天，当喜鹊站在枝头呼唤邻居时，可怜的寒号鸟已在半夜冻死了。

人人都知道，寒号鸟是因为太懒惰了，所以被冻死了。它为什么会如此懒惰呢？原因很简单，缺乏危机意识，只图享受眼前的阳光，过于短视。

短视是企业管理的大忌。看看古今中外那些倒闭的企业吧！从赫赫有名、有着200多年历史的巴林银行，到刚刚起步就以勾兑假酒垮台的秦池集团，哪个不是因为短视而自毁前程？

"速度"时代，太多的企业家染上"短视"的毛病。目前，企业转型升级是比较热门的话题，可是有多少人把产业结构调整放到了企业规划之中？他们大多只顾眼前利益，在效益好的时候，不去考虑产业本身的研发、不去加强核心竞争力，而是忙着进入看似暴利的行业，像房地产、娱乐等等。在这种思路指导下，企业只能走上寒号鸟的归宿：不在温暖时垒窝，就在严寒中冻死。

所以，"吃一堑，长一智"，从危机中企业应该明白，企业发展必须有长远的目光，"远见卓识"才是经营企业的方向。那么应对危机的"远视"策略都有哪些呢？

一、危机意识不可少。

优秀的企业不能只看到自身的光环，还要从长远的角度与银行、商家去沟通，做好财务、员工等各方面的管理工作。海尔总裁张瑞敏说："海尔注重问题管理而非危机管理模式，就是把企业出现的任何危机问题消灭在萌芽阶段。"

一般来说，随着企业规模扩大，公司会遇到越来越多问题，比如经营危机、信用危机等等。如果不能树立危机意识，当某一环节稍有失误，就有可能将整个公司拖入危机。

伦敦证券交易所明确规定：上市公司必须建立危机公关管理制度，并定期提交报告。这一规定让我们看到危机意识的重要性。另外，美国人数众多的专业危机管理人员、临时的独立危机管理咨询公司，也充分体现危机管理的必要。

二、危机当前，需要具备快速反应的能力。

将危机扼杀在摇篮中，是最好的应对措施，具备远见的企业都会掌握这一规律。百事可乐的饮料罐中发现了注射器，这一事件引起轰动，人们对此议论纷纷，指责声此起彼伏。针对此事，百事可乐公司迅速采取措施，向公众演示软性饮料生产流程，进而让大众看到任何异物都不可能在生产过程中加进包装罐里。这些异物只可能是由购买者放进去的。结果，危机结束，人们更加信任百事可乐。

现实中的无数案例证明，多披露比多掩盖好，面对危机比躲避危机好。

三、学会从危机中抓机遇。

危机也是机会，如何变被动挨打为主动进取，是危机转化的关键。谁都要经历冬天，喜鹊可以安然过冬，是因为它能直面寒冷，并且抓住秋风扫落叶的机会，找到很多枝叶，筑起了温暖的巢。

危险和机遇往往是一个问题的两面，喜鹊和寒号鸟的不同结局告诉我们：危险来自于外部，结果却取决于内部。

【怎么办】

企业家们需要具备长远的目光，用更加具有远见的方式来经营企业。当然，这离不开经历、经验、规范和企业精神，以及对企业文化、国家文化更多的了解。只有这样，才能更好地经营企业，避免在危机中被"冻死"。

> **一语珠玑** 企业主管都应当像认识到死亡和纳税难以避免一样，必须为危机做好计划：知道自己准备好之后的力量，才能与命运周旋。
>
> ——史蒂文·芬克

法则7
"忘了系扣子"的企鹅不怕冷
——经营必备的常识不可少

长远的目光让企业拥有过冬的心理准备，然而仅有心理准备还不够，懂得如何武装自我，具备抵御寒冷的武器必不可少。

在地球上最寒冷的北极和南极，依然生活着好多动物。特别是可爱的企鹅，它们像童谣里唱的那样："穿件大大黑褂子，出门忘了系扣子，露着白白大肚子"，成群地生活在最寒冷的南极洲。

在地冻天寒的南极，为什么童谣里说企鹅"穿件褂子"都"忘了系扣子"？难道企鹅们真的不怕冷吗？原来，企鹅的皮下积存了很厚的脂肪，看似光溜溜的身体表面又长了细细密密的羽毛，极其暖和。不仅如此，企鹅们还有很强烈的过冬意识，在严寒肆虐的冬季会紧紧地挤在一起，彼此取暖。

企鹅们拥有多项过冬的武器，因此能够快乐地生活在南极。在北极，动物也有自己过冬的窍门，听说过北极狐的故事吗？

【趣闻快读】

一只北极狐饿极了，从雪地里钻出来到处找吃的。可是它找了一整天却什么也没找到，天气太冷了，小动物都藏起来不见了。北极狐饿得肚子咕咕叫，再找不到吃的就要饿晕了。忽然，它头脑里灵光一闪，想起爷爷在世时说过："在海边岩石下，放着鱼骨头的地方下面有吃的。"这是真的吗？来不及细想，狐狸朝着海边狂奔。很快，它在岩石下找到了鱼骨头，于是拼命挖呀挖。哇！奇迹出现了，地下露出一堆海鸟蛋！这一定是爷爷在夏天时储藏的，那时食物好多啊！想到这里，北极狐一边吃鸟蛋一边想："我也要学习爷爷，多储存食物，以备不时之需。"

动物们过冬的本领真是太奇妙了，可谓"千奇百怪，各有所长"。对于企业来说，经营必备的常识有以下几方面：

一、诚信是经营的基础

君子一诺值千金，"信"是做人做事做企业的根本。诚信是企业最大的无形资产，没有良好的口碑和品牌，企业是难以长久立足的。看过《帝企鹅日记》这部影片吗？冬天，在被厚厚的冰川覆盖、荒凉孤寂的南极，不畏寒冷的帝企鹅爸爸们紧紧地围成一团，将蛋孵在脚掌上保持体温。它们连续四个月不能觅食，仅靠储存的能量维持生命，直到远方觅食的企鹅妈妈回来，这时，幼企鹅孵出，一家人开始了欢天喜地的新生活。如果企鹅妈妈中途出了事故，不能回归，这个企鹅家庭就得不到食物补给，那么幼企鹅会丧失生存的机会。

你看，帝企鹅就是依靠如此忠贞、如此坚强的品质和毅力，以及彼此之间的诚信，才得以繁衍后代，延续种族。

二、创新是发展之路

北极狐是善于创新的动物，它们从鱼骨头中得到启示，发现了美味的鸟蛋，并将储存食物的方式与提示代代相传，因此可以长久地生活在冰冷的北极。而企业也是一样，如果缺乏敏锐的创新能力，在技术、管理、体制等各个方面墨守成规，不去大胆地挖掘新思想、新动态、新客户、新业务，很快就会僵化，寒冬一到，只能关门大吉。

三、善于把握机遇

企业的发展是连续性的，其间会不断遇到各式各样的问题，但这同时也是企业的机遇。当冬天来临时，有些动物能勇敢地把握时机，做出有利的选择。比如帝企鹅们放弃了较为温暖的南极北部，而是远迁到南部更寒冷却更安全的地带孵蛋、育雏。因为在相对温暖的南极北部，它们会面临海豹等多种动物偷袭，种族繁衍更加困难。

四、多储备、少浪费，从教训中获取经验

企业要像北极狐那样，多从前辈、同行那里汲取经验教训，从中也会获得自己的过冬良策。

五、价值观决定企业能走多远

如果以财富累积作为企业的目的，作为企业的价值观，那么这种企业走不远；如果将价值观定位在社会效益、人才战略等方面，企业的进步会更长远。企业的最终目的是为社会、为顾客、为员工服务，这种境界并非虚而不实，而是体现在细枝末节中，并成为企业最具竞争力的核心。如百事可乐为了突出"新一代"特色，在品牌代言人的选择、广告形象上，都做了精心策划，确立了品牌地位。

总之，企业从无到有、从小到大，过程都是非常不容易的。无论走到哪一步，如果放松思想，懈怠做事，不把精力放到发展中去，总免不了吃苦头。

【案例分析】

富安公司是一家小型房地产企业，在多年的经营过程中，该公司没有缩手缩脚，而是大胆改革经营思路，从不沉迷于单一的产业模式，连续涉足园林绿化、市政工程施工等多种相关产业，结果不仅增加利润收入，还扩展了业务范围，提高了公司信誉。在扩展业务的同时，公司又创新地吸收多种资金入股，转变经营模式，进而改变单调的经营方式，使得经营更加灵活，竞争力也更强。在经济危机面前，与那些单一房地产业公司比较，富安的抗打击能力明显较强。

【怎么办】

不管是淡季还是旺季，目标是激励进步的有效手段；没有目标，犹如黑夜行船，会有触礁的危险。

培养团队精神，创造积极的工作氛围，离开团队，任何强壮的个体都显得形单影只。

终身学习，是每位员工的必修课；21世纪，不懂得学习就是退步，就会落后。

创新开拓的企业精神，是唯一不变的主题，是企业快速前进的保障。

一语珠玑 一位有资格的管理者总是能够明确外界的各种限制因素，并对此采取相应的管理方法和技术，从而对一个社会的经济发展大显身手。

——哈罗德·孔茨

法则8

扬子鳄晒太阳
——高效灵活的应变机制

要是你有时间观察一条扬子鳄，一定会被它喜欢晒太阳的举动所吸引。它那么有耐心，那么喜欢阳光，以至于它把晒太阳作为自己活动的主要部分。真是好奇又好笑啊，它就真的这么离不开阳光吗？

"变温"、"冷血"，这都不是顺耳的称呼，让人感到冰冷，感到不舒服。扬子鳄最喜欢的温度是30～33℃，可是天气变幻莫测，哪能天天保持这种温度呢？所以，在气温较低时，扬子鳄就趴在岸边晒太阳。等到晒暖和了，再钻进水里去凉快。要是炎炎夏日，它就干脆躲在水里不出来。通过在冷、暖环境之间来回移动，扬子鳄维持了自己最适宜的体温，这样既不用消耗能量，也不用远途迁徙，就可以适应恶劣的环境。

变温动物的应变能力为企业提供了过冬的思考方向：如何适应天气变化，改变产品结构，推出严冬市场需要的产品？如果成功了，企业的生存概率会大大提高。

一、细分目标市场，从大众消费转为小众消费，也是产品结构改变的方法之一。

持续的、普遍受大众欢迎的产品可能越来越少；满足少数人需求，或者适合部分人消费的产品会越来越多，如果丰富产品品种，强调实用性，会增加市场受众。

二、回归理性，保持专业化领先地位。

在危机之前，企业往往经历了一段经济快速发展期，这段时期企业采取的很多扩张策略，会让企业陷入现金流动不畅、泡沫风险过大的危险中。因此退出部分产业，发挥企业本身特长，会更务实有用。比如本来从事生产的企业，如果涉足不甚熟悉的金融领域、房地产业等，这个时期就可以考虑放弃这些产业，专心生产；既做国内，又做国际市场的企业，这时也可以适当放弃国外市场，将资源配置重点放在国内市场上，充分调动国内需求；等等。

三、将危机变为研发的时机。

经济处于低谷时，恰为科研开发留出了大量时间、人力，如果企业抓住这一时机，投入新科技、新产品开发，会在危机下储备好技术，并推出很多产品，为未来竞争打下基础。扬子鳄能够不动声色地抵御冷天气，不就是在寒冷的环境中悄无声息地晒太阳汲取热量吗？

【趣闻快读】

听说过大富豪摩根的故事吗？他年轻时带着妻子一起闯荡美国。那时他们很穷，为了生存，只好开杂货店卖鸡蛋。摩根和妻子轮流为顾客服务，有意思的是，每当摩根卖鸡蛋时，顾客都会抱怨："哎呀，鸡蛋怎么这么小啊！"可是一旦摩根的妻子为顾客拿鸡蛋时，顾客从来没有这样的抱怨，一个个都非常高兴。这是什么原因呢？爱动脑的摩根决定一探究竟，于是妻子卖鸡蛋时，他就站在一边观察。很快他就找到了原因，原来摩根的手又大又粗，拿鸡蛋时，鸡蛋就显得特别小；而他妻子的手纤细，相比之下，鸡蛋显得就没有那么小。正是这种视觉差距造成了不同的结果。

放在大小不同的手中，顾客看到了不一样的"鸡蛋"。这种思路如果用在企业的产品结构调整上，也许会有意想不到的效果。比如，企业适时推出符合危机下市场消费者需求的产品，与原产品相比，它们价格低、实用性强，肯定会让消费者感到明显的对比，成为企业渡过难关的一张王牌。

【怎么办】

多数企业在发展过程中，并不具备重大技术突破能力，特别是原始创新、引进创新等方面相对薄弱，而危机的来临，给企业创造了整合相关配套技术的机会，也就为取得整体技术优势提供了可能。

一语珠玑 企业的经营，不能只站在单纯的一个角度去看，而要从各个角度分析、观察才行。

——藤田田

法则9

不停奔跑的老虎

——要懂得什么是最重要的

大千世界，无奇不有。你也许没听过下面这些动物的故事。老虎号称森林之王，但很少有人去猜测它如何过冬，因为它太强大了，还有着厚厚的皮毛，难道还怕冬天？然而出人意料，老虎也怕冬天，也会感觉寒冷。那么它是如何对付严寒呢？说起来有趣，老虎的办法很简单，那就是来回不停地奔跑。它专注于奔跑，连身边跑过去的猎物都不看一眼，非得跑到浑身暖烘烘的才停下。

与老虎一样，动物中的"智者"大猩猩过冬取暖的方法也很好笑，当严寒冻得它受不了时，它会跑到阳光充足的地方，搬起一块大石头来回走，直到大汗淋漓。

老虎和大猩猩，一个以强壮称雄森林，一个以高智商闻名于世，它们就像是企业中的强大品牌，具有较强的抗风险能力。对于老虎和大猩猩来说，普通风险是奈何不了它们的；同样，著名的国际大公司，如可口可乐、SONY，也不会因为风吹草动就垮台。然而，它们有着共同的特点：在严冬时节，照样感觉到寒冷，而且害怕寒冷。

品牌以及品牌背后的大公司，毫无疑问是行业中的主导者、推动者。同时，品牌也成为消费者的身份符号。换句话说，消费者会通过品牌来展现自己的文化、价值需求，因为这是非常重要的身份表现。通常人们会根据一个人使用的消费品来判断他的社会地位，这就是品牌最普遍的意义。

拥有品牌的大公司如何过冬？我们不妨去看看欧洲奢侈品品牌的行动策略。进入2009年，它们不约而同地拿出更多的资金、精力进行各项策划活动，Yves Saint Laurent的首席执行官说："有钱人还是很多的，不过我们要换个方式跟他们沟通……要和他们建立起一种面对面的直接关联，而不仅仅是每季邮寄一份商品目录而已。"

可见，大公司也被迫采取了御寒手段，他们更强调店面的作用，希望将更多客户迎进自己的店铺。因为经济萧条时，人们更喜欢在店铺里做出决定。

【案例分析】

2009年，欧洲时装界不谋而合将营销重点撤回店铺内。Hermès在世界的各个店铺中举办各类展览、鸡尾酒会，并推出特别版产品介绍会。有趣的是，他们为了吸引顾客注意，请人为与会者讲解各种系丝巾的方法，美其名曰"丝巾品鉴会"，这个活动一直很受欢迎，成为公司特色之一。

店铺是一面镜子，客人们在这里会真正享受、体验到品位和创意带来的乐趣。Jil Sander为了吸引年轻顾客，在德国的汉堡举办了一场小型时装秀和鸡尾酒会，整个场地仅能容纳250人。这么小的场面，反而激发了顾客的强烈欲望，几天后光顾汉堡旗舰店的顾客明显增加。

在中国上海，奢侈品公司也很注意与顾客进行面对面沟通，Ferragamo店铺就是这方面的代表，它们每次换季都会举办一次预览仪式。这个仪式非常简单，以下午茶的方式进行，受邀者人数很少，仅为消费者名单上排名前二十位的顾客。活动规模小，也不邀请媒体，以便彼此之间能更自由、随意地沟通。

一对一的销售模式，让顾客体会到区别对待的优越心理，因为这些顾客是品牌的重要支柱。除了维持品牌外，这种营销模式还让企业节省开支，比如Hermès的Kelly包，就采取预订形式，很多时候，顾客要等上一年多才能拿到货。这对于企业来说，岂不是既省去积压存货的风险，又为品牌增添了尊贵魅力？

品牌企业看似简单的过冬模式，却起了良好的御寒效果，这与跑动的老虎、搬石头的大猩猩何其相似？

在简单的店铺沟通之外，任何品牌都有自己独特的文化特色，这也是其成为品牌的标志。在经济萧条时，它们会更注意在文化上做文章。

看过法国知名导演吕克·贝松导演的《抢救地球》这部纪录片吗？它由著名航空摄影家拍摄，带领观众们环绕地球，领略风光旖旎的各地景色，不管是溪水潺潺的山野，还是高楼耸立的都市，一切尽收眼底。可是观赏之际你是否联想到近年来最为热门的话题——环保？环保是全球瞩目的问题，品牌企业如果打好这张牌，无疑会为自己赢得更多的掌声和金钱。实际上，《抢救地球》这部片子正是YSL所属的PPR集团为2009年世界环境日特别投资拍摄的。借助这部纪录片的推出，企业的形象得到很好的提升。

当人们逐渐对"红酒加乳酪"的酒会太过熟悉时，变换招数，出其不意，也许能取得良好效果。比如与慈善事业、文化活动、时尚运动相结合，都是品牌企业的"过冬"之术。从开发只对VIP会员开放的新款，到推出各种限量版款式，再到与艺术家合作，举办各种赏鉴会、沟通会等等，无不突出品牌强大的文化基础。

【怎么办】

作为品牌企业，借鉴店铺宣扬文化，也许是企业早就熟悉且付诸行动的举措。问题是严冬下，如何创造更多的顾客？德鲁克有句名言："企业的唯一目的就是创造顾客。"品牌企业也不例外，尽管人人视之为行业领先者，但企业从创立之初，就该明白三个问题：我是谁？我希望做什么？我如何实现它？问题很简单，答案却很多，也很复杂。如果你能聚焦于消费者的特定价值，并持续不断地以产品满足需求，你就能成为真正的品牌。

一语珠玑 假如人在一生中偏爱的是第二优，那么他达到的也将是第二优的目标。

——约翰·肯尼迪

法则10

野鸭精神

——勇于挑战困难

丹麦哲学家哥尔科加德说过这样一句话："野鸭或许能被人驯服，但是一旦被驯服，野鸭就失去了它的野性，再也无法海阔天空地自由飞翔了。"这句话看似简单，却道出了很多真理。野鸭是典型的水鸟，野性十足，具有超强的适应能力和飞翔本领，能够生活在零下25℃~40℃的环境中，还能较长距离飞行。对它们来说，越冬似乎并不困难，它们生存的地域如此宽阔，从北部的内蒙古飞到长江中下游，就可以群居越冬。

野鸭这种"野性"的精神，受到经济界人士广泛关注。原美国IBM公司总裁小汤玛斯·沃森对此格外欣赏，将哥尔科加德说过的话总结成了"野鸭精神"。他说："对于重用那些我并不喜欢却有真才实学的人，我从不犹豫。然而重用那些围在你身边尽说恭维话，喜欢与你一起去假日垂钓的人，是一种莫大的错误。与此相比，我寻找的就是那些个性刚烈、不拘小节，以及直言不讳到似乎令人不快的人。如果你能在你的周围发掘许多这样的人，并能耐心听取他们的意见，那你的工作就会处处顺利。"

"野鸭精神"为企业过冬的人才战略提供了很好的方向。说白了，"野鸭精神"与当下流行的创新，有着异曲同工之妙，沃森也是将两者相提并论。我们从IBM的用人战略中可见一斑。在IBM，公司采取各式各样的措施鼓励员工发明创造，进而不断地开发出新产品，在世界市场取得制胜权。

【案例分析】

日本企业向来以注重创新闻名。有家造纸厂每天都要处理大量废液，专家们提出的技术性地提高炉温、烘干、加燃油燃烧等方式，试过后发现都没效果。结果在一次员工头脑创意活动中，一位普通员工提出了听起来像"胡说八道"的创意建议：将沙子混入废液，从炉子下方喷入空气，使之燃烧。厂里试了一试，效果棒极了。由于在炉子下方喷入空气，飞沙使废液变成细微的粒子，燃烧就容易了。这种新型流动炉诞生后，很快得到普及，造纸厂因此发了大财。

显而易见，如果企业注重"野鸭精神"，并且能够持之以恒地选拔人才，肯定会帮助企业更轻松地过冬。综观中外成功企业，不管是通用、惠普，还是麦当劳、可口可乐，它们无不是以"野鸭精神"发展自己的员工队伍，形成一股强大的原动力，促进企业的壮大。

松下幸之助说："经营就是创造。"人才的可贵之处就是有创见性。一个没有主见、随波逐流的人，一家缺乏创新、唯他人眼色行事的公司，注定没有前途。企业需要创新精神，更需要具有"野鸭精神"的人才。

【趣闻快读】

一天，猎人在高山上的鹰巢里抓到一只幼鹰，就把它带回家去养在了鸡笼里。这只幼鹰从小便与小鸡一起成长，与它们一块啄食、嬉闹、休息，它以为自己就是一只鸡。

后来这只鹰慢慢长大了，羽翼丰满，体格壮硕，主人想把它训练成猎鹰，就把它放出来，让它飞翔。可是，由于终日和鸡混在一起，鹰已经变得和鸡完全一样，根本没有飞的欲望了。

主人尝试了各种办法，都没有效果，最后，他带着鹰来到山顶，一把将它扔了出去。

这只鹰竟像块石头似的，直掉下去，慌乱之中，它只好拼命地扑打翅膀，就这样，它终于飞了起来！

能力有时候是逼出来的，把野鸭养在笼子里，只会让它们失去飞翔的欲望和能力。公司要鼓励员工"犯错"，只要有新意的想法、观点、意见，都要采取欢迎的态度，并认真对待。这让人想到微软公司，许多人对它的成功原因进行了探讨。有人在研究比尔·盖茨与员工的关系时，惊讶地感叹道：与其说盖茨对他手下的那些天才在进行"管理"，不如说盖茨只是对那些天才们做了一些"讨好"工作。盖茨是欣赏"野鸭精神"的人，并千方百计激发了他们的"野性"，这无疑是微软成功的奥秘之一。

企业是靠人运转的，如何以"野鸭精神"管理人才，是保证企业在危机中不被冲垮的基石。

一、鼓励争吵，百家争鸣。

爱因斯坦说："由没有个人创造性和个人志愿的统一规格的人所组成的社会，将是一个没有发展可能的不幸社会。"由此类推，由没有个人创造性和个人志愿的统一规格的人所组成的企业，将是一个没有发展可能的不幸企业。人和人不同，正是千差万别的个性组成了丰富多彩的世界。

前新浪网总裁王志东与他的外籍财务总监有过一段精妙的对白，他说："吵架是你的价值，如果你不跟我吵架，就证明你已经没有用了。"求同求异，往往是创新的根本，一味地做"好好"先生，哪有改进的机会？

二、降低条件，允许犯错。

人的大脑有100亿～140亿个神经细胞，只有开动脑筋，打开"思想的眼睛"，才有可能"看见"理想的实现。如果长时间没有创意思维，脑子就会生锈，变得迟钝，这不但妨害个人能力，还会危及整个公司的安全。企业不妨要求员工每年至少提出一至两个创造性想法，不管对与错，让人才保持创新的活力。

三、人才不定型，培养复合型人才。

一般来说，每位员工在同一职位工作三四年后，就可以考虑将其调换职位。这是人才成长规律决定的，三年左右是人才成长的最高峰，过后，成长速度放缓，会出现职业倦怠。如果适时地调整工作，给人才更多历练的机会，对他们成长、提高都是有益的。

四、B级人才，A级工作。

每个企业都希望自己的人才能够超常发挥，B级人才可以做好A级工作。然而现实中却很少有企业能做到真正放手，让他们担当较高职位的工作。这里我们就提醒各个企业，如果你反其道而行之，给B级人才A级工作，试试看，他们能否胜任？

结果可能会让你大吃一惊，那些看似能力不足的人很好地完成了工作，并且有所创新。这是因为人在感到压力时，会更加努力做事，所以越有挑战性的工作，越容易激发员工进取心。

五、奖励80％，刺激20％。

长久以来，奖励都是少数人的专利，无论是企业，还是学校、家庭中，大家都认同一个道理：好的总是少的。其实这种习惯性思维有很大弊端，让优秀者孤独，让其他人无所谓，奖励就失去了价值。与其如此，不如奖励大多数，将优秀当作正常行为，以区分低劣者，这样可以更好地保护优秀者的积极性，更明显地鞭挞少数低劣者。

【怎么办】

"野鸭精神"是企业保存活力、勇于挑战困难的象征，拥有"野鸭精神"的企业和人才，更容易正面迎战经济寒冬。

> **一语珠玑** 人不会因工作而死，而单身生活或游手好闲却是致命的，因为人生来就会工作，如同鸟会飞一样。
>
> ——马丁·路德

法则11

以蜂后为中心
——重视领导者的作用

在前面几节中，我们从各个方面讨论了严冬来临之际，企业应该做出的反应，以及在管理中需要注意的问题。总之一句话，吹响防寒的号角，为这个冬天而战。那么，这声号角由谁来吹响，或者说企业要在谁的带领下过冬？毫无疑问，是企业的老板。老板是企业的领袖，是企业的"国王"，"善阵者不战，善战者不败，善败者不乱"，老板属于哪个层次的作战者，会决定企业在风险面前的不同命运。

我们都知道蜜蜂是典型的以蜂后为中心的团体。在一个蜂巢中，绝大多数情况下只有一位蜂后，它的任务就是建立新巢并且以此为根基繁育后代。它繁育能力的强弱，决定蜂巢规模的大小。蜂后一般能活三四年，与普通工蜂只活几个月相比，显然长寿得多，为此它需要具备充足的"过冬"经验。

实际上，蜜蜂过冬的经验早就为人称道，它们会以蜂后为中心抱团御寒。这里蜂后的领导作用得到充分体现，如果它发生了意外，蜜蜂王国也会随之消亡。经济严冬面前，企业的老板面临着众多困惑，比如有些产品为了与你竞争展开倾销运动，有些对手不断推出新的销售办法、新的产品等等，你该如何做？跟进还是观望？解决这些问题，是企业的事，却由老板最终负责。

老板是企业的最终决策者，可是大多数老板却存在诸多"毛病"，使其无力抵挡严寒。

一、缺乏理想，有了一点成就就故步自封。

这种老板比较多见，也是绝大多数企业无法做强做大，经济萧条时迅速倒闭的原因。

二、缺乏信任，不能知人善任。

优秀的领导不一定自己样样都行，恰恰相反，他们敢于放权、敢于信任每位员工。蜂后在蜜蜂王国的主要职能就是产卵，而采蜜、筑巢、养育后代等等大量工作，全靠工蜂去做。如果蜂后什么事都身体力行，那它也就只是一名工蜂；如果它不懂得依靠工蜂，也无法保护自己蜂巢的完善，更不能将其扩张。

比尔·盖茨在谈到自己为何成功时，有句精彩名言："因为有更多的成功人士在为我工作。"可见，每个员工都成功的企业，肯定是成功的企业；而只有老板成功，或者只有一部分员工成功的企业，不见得能走多远，更不见得有多强大。

三、管理太随意，常常以个人行为替代公司行为。

随意决策几乎是所有小公司的通病：朝令夕改、计划没有变化快，闻到腥味就以为钓到了鱼，这样的管理方式使得这类企业无法适应经济的规律性变化。老板们更是无视公司制度，从不以身作则，造成企业管理混乱，无从发展。

四、缺乏创新，一味模仿、追随。

美国管理学家斯威尼说："一个未来的总裁，应该具有激发和识别创新思想的才能。"这一才能包括两点：一位优秀的总裁，不仅要自己善于拿出好主意、好办法，更好地领导员工，创造财富，还要懂得培养和发现其他人的创意潜能。

如果老板缺乏创新意识，很快就会让企业在竞争中陷入被动，将无法面对日新月异的市场，更无法应对突如其来的危机。

五、危机意识淡漠，没有建立行之有效的危机公关措施。

很多人的危机意识很淡漠，特别是经营状况较好时，总认为前途无限光明；而一旦危机突至，便慌了手脚，不知所措。想一下吧！如果面对危机连老板都乱了分寸，公司经营岂不乱套？因此，精明的企业老板必须具备危机意识，并且千方百计采取一些措施，当危机来临时才能有备无患，或者尽可能降低风险。

【趣闻快读】

据说美国前总统克林顿先生有一个嗜好，他常常会突如其来地造访白宫的各个办公室，就连有人开会时他也会悄悄溜进去旁听。据说这一行为深得经济界认同，并成为西方流行的管理模式之一，誉之为"走动管理"。因为这样做可以掌握更多的资讯，并能拉近与下属的关系，增强他们的责任感与自豪感。

【案例分析】

有位畜牧专家，带领自己的弟子开办了一家牛肉公司。他们提倡最先进的科技，从生产到包装，无不体现出最先进的技术水准。另外，公司领导者一再强调员工待遇问题，提供给他们最好的福利保障和工作环境。

这样一家高起点、高科技、高待遇的公司，开业后不到一年，竟然宣告破产，欠债高达3亿美元。

败在何处？原因就是领导者的野心太大，而且不切实际。公司成立后，创办人为公司取名"终于做对了"，言外之意，他要为牛肉产品制造行业树典范、立榜样。这样的想法固然美好，但是充分暴露了领导者骄傲自大的心态，以为自己可以解决任何问题。在这种心态下，人很容易被自己的想法所蒙蔽，而无法看清现实的真相。这正是好高骛远的表现。

果不其然，公司开业后不久，就因为自大导致了一场灾难。公司用几百万美元购置了一套先进的急冻机器设备，但他们自以为是，不征询供应商的意见，竟想当然地派自己的员工进行违规操作，导致机器发生故障，几百万美元眼见成了一堆废铁。

而且，公司领导人不从实际出发，预期公司会迅速扩张，竟然一下子花巨资购买了一套适合五家工厂、一万名员工使用的管理系统。要知道，这时公司仅有一家工厂、900名员工而已。这套系统操作非常复杂，员工不容易掌握，整个公司的进行也很不顺畅，这种不学走就想跑的做法，只会让企业摔得头破血流。

更严重的是，公司领导们急于想成为行业典范，于是一个劲地花钱建高级工厂，添置最昂贵的设备用来生产堪称艺术级水准的牛肉。他们购买的一套自动去毛系统，居然就花去了几百万美元。终于，这种不计成本的"高投入"让公司陷入负债泥沼。从开业后，他们每处理一头牛，就会损失好几百美元。

公司在大量投入之时，又不懂得营销，产品只在一家超市上市，没有更多的销售渠道。而这家超市的定位较低，与公司的高品质追求格格不入。

这家公司失败的例子，就充分说明了领导者对企业的重要作用。一个领导者要有理想，但不能只会做梦。所以，作为企业老板，当企业正面临危机时，应该从以上这几点入手，看一看，想一想，是否自己正在犯同样的错误。

【怎么办】

对于企业总裁来说，要管理好自己的企业，需要先对企业进行定位。

如果你经营的是一家小企业，你的言行举止很可能直接暴露于员工眼前，并对他们产生巨大影响。这时你要起身先士卒的模范作用，注意自身的修养，以此带动员工积极性的发挥，为企业发展筹划未来。

如果你经营的企业具有一定规模，人数过百，这时仅靠你一个人的力量就有些吃紧，你会需要三五个帮手，让他们专心在专业管理职位上，发挥协同作战的作用。这时你就不要过度地干涉他们，要相信他们，并站在他们中间，齐心协力谋求发展。

如果你的企业规模很大，人数上千甚至上万，这时你管理的就不再是几个人，而是一个庞大的组织。到了这时，聪明的老板会退居二线，在幕后运筹帷幄，将精力集中在决策和规划上。

> **一语珠玑** 管理是最有创造性的艺术。它是一门艺术，是对天赋的正确利用。
>
> ——罗伯特·麦克纳玛拉

第三章

学聪明的动物，
准备过冬的棉衣

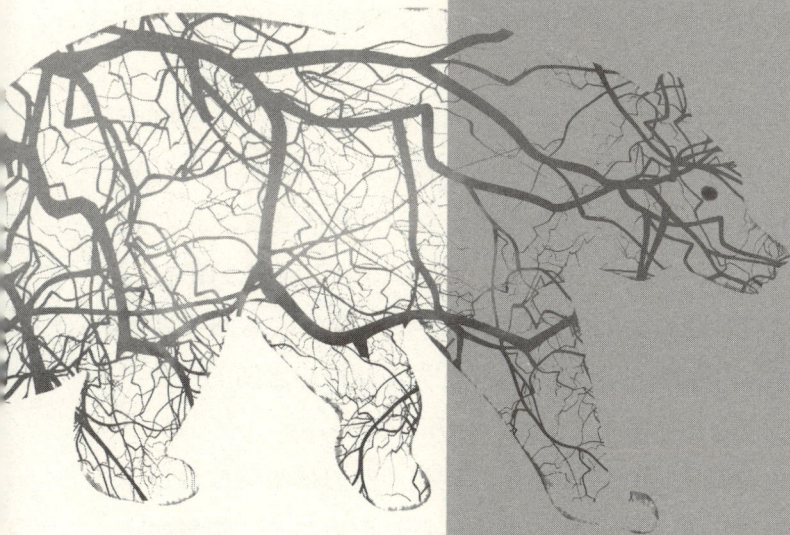

法则12

鸟雀换上厚羽毛
——提前预备过冬的"防寒服"

聪明的动物都有让自己取暖过冬的能力，比如经过换毛换羽、垒巢筑穴，让自己安全度过寒冬。说起来，这类动物中最典型的莫过于鸟类。

【趣闻快读】

到了秋天，鸟儿们会换掉一身旧羽毛，穿上一身新"衣服"。这身新衣服可不是从头到脚穿上身的，它们有的会先换尾部，有的会先换头部，最有趣的是，有些鸟会从身体中间开始换羽毛。换羽时鸟儿们的飞行能力会减弱，所以它们会选择比较隐蔽的方式，而不是公开进行，以防止猛禽、狐狸等的袭击。

那么，企业能否提前为自己预备过冬的棉衣呢？答案是肯定的，这就是企业的竞争战略。

企业面临的市场环境越来越恶劣，竞争无处不在，怎样从竞争中脱颖而出，是每个企业梦寐以求的事情。为此企业之间不断上演一场场充满火药味的大战：降价促销、互相攻击、背后搞小动作等等，这些恶仗虽然打击了对方，但是无形中也损害了自己，更影响到行业信誉，使竞争进入恶性循环。

为此，迈克尔·波特教授提出竞争战略理论，希望企业的利润不要从打击对方来获得，而是取决于同行业之间、本行业与其他行业之间的良性竞争，以及供需双方之间还有潜在竞争者之间共同作用的结果。

可见，竞争战略是企业整体计划的一部分，是在企业总体经营战略目标下，针对竞争对手的战略优势而创建开展的规律体系。迈克尔·波特教授认为，正确的竞争战略应该包括以下几点：

1. 总成本领先战略（overall cost leadership）。

2. 差异化战略，又称别具一格战略（differentiation）。

3. 集中化战略，又称目标集中战略、目标聚集战略、专一化战略（focus）。

总成本领先战略，要求企业尽最大努力降低成本，进而获得较大利润，以保持竞争优势。降低成本，说起来容易做起来难，需要每位员工都要具有严格控制成本的意识，严格控制每项花费开支。这样的话，低成本公司比起高成本公司，就有更大的利润空间，在对手无利可图时，仍然可以通过获得利润保持优势，这就占据了主动，获得了竞争的胜利。

差异化战略，需要公司推出与众不同的产品或者服务，比如功能多样、款式新颖等等。做到与众不同，就能建立起对付多种竞争的防御地位，进而赢得顾客的忠诚，获得超常收益，处于竞争优势。

集中化战略，体现在企业产品的主攻点上，针对某个特殊顾客群，或者针对某产品的某市场区段等投入较大的精力集中开拓。做到集中化，要求企业效率更高、效果更好地为主攻点服务，打开一点，辐射全面，这样就会在更广阔的范围内超过竞争对手，从而获得可观的潜在利润。

可见，在竞争战略中，核心内容是战略优势，是围绕如何创建区别于竞争对手的战略优势而展开的活动。在经济全球化的时代，企业要与国内外的竞争对手同台竞争，缺乏竞争优势将难以胜出，保持与顾客需求之间的动态优势，成为企业在危机下值得考虑的新亮点。

首先，企业不再是单纯地满足顾客需求，而是向顾客提供价值。顾客是企业的最终财富，在大家普遍以满足需求为出发点的时候，如果能够将经营理念转变为提供价值，无疑就是提前穿上了防寒的棉衣。

其次，优势资源占了主导地位。谁拥有优势资源，谁就会成为赢家。优势资源内容宽泛：既可以是有形的，如黄金地段、先进设备等；也可以是无形的，如科学的管理模式、企业文化、知识产权等。拥有优势资源的企业就像占据有利巢穴，又拥有厚厚羽毛、体格健壮的鸟类，比起那些体弱多病、没有巢穴的鸟类，更容易越冬。

最后，在上述两点基础上，企业要千方百计吸引顾客的注意力，并不断提高资源价值。

有人说，"注意力就是货币单位"，尽管你想了千条妙计，可是如果顾客从不了解，也不知道你是谁，再好的"妙计"也等于零。在信息时代，利用好媒体、网络，都是宣传自己的重要途径。

【案例分析】

20世纪60年代，夏普公司以电视机和收音机的生产技术闻名全球，这成为其优势资源；可是随着科技进步，夏普的先进技术逐渐被其他企业学会，并慢慢普及。这时夏普公司要想保持优势，就必须有自己新的技术和产品。于是夏普实施了逆向整合，开始研发特殊半导体、电子计算器等新技术产品，以此成为新的优势资源，从而增强了自己的战略优势。

优势资源既要保持发展，更要渗透、辐射，进而扩大竞争领域。

【怎么办】

以优势资源为核心，以顾客价值为导向，与竞争对手良性竞争这三者之间构成的"逻辑三角形"是新经济环境的特色。在科技日新月异的今天，不管外部环境如何变幻莫测，企业都无一例外面临着不断调整、动态发展的问题。

通俗地说，企业要具有竞争战略意识，并不断地强化竞争优势，就像鸟类让自己拥有一层厚实的防寒羽毛，才能抵御严寒一样，才能保持自己的领先地位。

一语珠玑 能够成功的大公司是那些不断开发新产品，让别人赶不上的公司。

——比尔·盖茨

法则13

兔子"撞肚皮"

——竞争变激励

冬天，兔子会长出又长又密的绒毛，像毯子一样紧紧裹住身体；而且皮肤下的脂肪层也会增厚，起到阻挡严寒的作用。

有趣的是，如果你有机会近距离观察，会发现兔子们不满足于厚厚的皮毛和脂肪，它们还会很聪明地挤在一起，互相横向撞击肚皮，以此产生热能取暖。这可是非常有意思的一幕，看过的人一定会很惊奇兔子这种"撞肚皮"的做法。在过去，冬天到了，孩子们也会挤在一起玩游戏，名为"挤压油"，就是为了取暖。

"撞肚皮"为企业提供了过冬的新思路。如今经济发展日新月异，企业处于"不确定时代"的环境下，会出现太多难以预料的问题，是保持领先优势，还是后来居上，需要企业快速反应，加强战略调整。这种"不确定性"特色，突破了迈克尔·波特教授的三种竞争战略，要求企业全方位出击。

【案例分析】

雀巢集团是适应时代竞争发展的优秀企业，它通过各种途径提升竞争优势，像极了寒冬中互相"撞肚皮"的兔子。公司在全球开办了20多家研发机构，根据不同地区消费者的口味，推出了东亚、欧洲、北美三地口味不同的产品。

雀巢集团抢先一步占领亚洲市场，获得了先机，并且通过各种手段阻止新兴品牌的进入。有一年，马来西亚当地一家企业生产出了价格、品质都很受欢迎的薯片，比雀巢集团的美极品牌价格上优惠了25％。这一情况让雀巢集团十分关注，当即采取价格战略，削价20％出售美极牌薯片。这个"撞击"效果明显，很快这家马来西亚本土企业的发展就受到了遏制，最终无法立足。

而且，雀巢集团更注重长期发展。说起进军中国市场，雀巢消耗的时间足以令人咋舌——长达13年！足够的耐心让雀巢成功进入中国，而长期投资、优质产品和服务，更使其占领了东亚各地市场。

在进军各国市场的时候，雀巢曾经与韩国的克拉夫通用食品公司有过一次精彩撞击。自20世纪50年代以来，克拉夫通用食品公司在韩国处于垄断地位，无人与之抗衡。雀巢公司进入后，不惜投入巨资在每个市场上大做广告。广告多以两三个品牌为主，很快竖立了在消费者中的品牌意识，享有了较高的市场占有率。

7年后，雀巢夺得35％市场占有率，在克拉夫公司垄断的食品市场上分得一杯羹。这次撞击直接提高了雀巢的竞争优势，让自己多了一项过冬的本领。

雀巢在市场上与其他品牌从容撞击的策略还有很多，比如针对东南亚市场开发的加蜜熊牌浓缩奶，就是针对热带国家很少见到蜂蜜而推出的延伸产品，这一举措使得该产品的年销售量增加10％～15％；雀巢还研制出了流行泰国的希克牌冷饮咖啡，使夏季咖啡销售跃上一个新台阶。

当然，撞肚皮的目的是为了取暖，而不是打压对方，这一点对于雀巢来说，体现在各种良好的合作关系中。进军亚洲后，雀巢与贸易伙伴始终保持亲密关系。在日本，雀巢首先采用了网点销售，放权批发商、销售渠道来完成促销活动。通过各种努力，雀巢与当地的批发零售商融为一体，不分彼此，这对于西方传统意义上的公司来说根本难以想象。在泰国，雀巢注重与超级市场的关系，并向其提供各种新的管理经验，如"尼尔森太空人"库存管理系统，就是雀巢送给泰国各大超市的礼物。

而且，雀巢还培养了一支充满活力和竞争性的销售队伍，被称为红热销售突击队。他们接受过正规的大学教育，在雀巢总部接受了货架管理技术培训后，被分配到世界各地的超市，与客户进行有效的互动。这支队伍带去了先进、高效的管理理念，受到超市、大商场的热情欢迎。

信息时代科技发展日新月异，"撞肚皮"会撞出很多新思路、新成果。我们都知道爱迪生1879年发明了电灯，直到几十年后电灯才投入批量生产。电视在1924年发明，也是经历了几十年发展才普及。而如今是信息时代，技术的更新换代不断变快，信息市场每天都有新内容。要想保持领先地位，或者后来居上，就必须时刻与周围的其他"兔子"保持紧密联系，从信息、技术、人才、管理等各方面多多碰撞，跨界融合，也许就会有更多防寒的办法出现。

【怎么办】

"撞肚皮"会让企业相互了解彼此的成本优势，尽量避免依靠降价打击对手的恶性循环发生；促使企业利用好时间优势，不至于在产品进入成熟期或衰退期时才投入生产；让企业发现进攻的薄弱点，达到事半功倍的效果；调动起每位员工的积极性，使其在竞争面前时刻保持活力。

一语珠玑 激励别人的唯一可能性就是交流。

——李·亚柯卡

法则14

喜鹊筑巢

——还需真功夫

我们在羡慕动物们可以通过换羽、筑巢、抱团等种种方式过冬时，是否注意到它们为此做出的努力呢？

【趣闻快读】

傍晚时分，一只喜鹊忙碌地飞来飞去，它在想办法啄下树上的小枝条。枝条长在树上，那么牢固，怎么会轻易啄动呢？很快，喜鹊的嘴啄出了血，但它继续啄，似乎不知道痛。终于，它啄下了第一根枝条。接着，啄下第二根、第三根……天黑前，它在树杈间搭成了自己房子的基架。

喜鹊满怀希望地睡觉去了，一心想着明早起来继续筑巢。然而不幸发生了，当天夜里刮起一阵大风，把它刚刚建成的房子基架吹得什么都不剩。早上喜鹊看到自己的房子没了，并不伤心气馁，傍晚时分，风停了，它又开始忙碌地啄枝条搭建房基。

新的房基没有被风刮跑，喜鹊很高兴，开始更忙碌地寻找烂泥，一口口地叼回来，涂在房基的枝条上，使其更坚固。就这样，喜鹊一天来回无数次，为新巢奔波。

可是有一天夜里，不幸再次降临，一阵大风刮来，将喜鹊的房子吹落四散，不留一根枝条。

喜鹊会不会放弃呢？不会，它依然执着地筑巢，并且不断地改进筑巢技术，三次、四次、五次，房子接连不断地被风吹走。终于在第六次时，喜鹊的巢筑成了，从此再也不怕大风吹袭了。

　　喜鹊用心血铸就的巢，是它过冬的安乐窝。当它躺在巢里安稳度日时，有多少人想过它曾经为之付出的辛苦劳动。喜鹊筑巢是需要真功夫的，企业过冬之际，要想在产品、服务、管理、市场等多方面提升自己的竞争优势，不下真功夫也不行。

　　环境瞬息万变，时间不会等人，企业在这种氛围中，不敢想、没有时间想已成为现实，它们被激变的市场扯着跑，显得力不从心。

　　香港讯诚电业的发展经验却告诉人们：磨刀不误砍柴工，做好扎实的基础工作，方能应对复杂的市场挑战。

　　1982年，姚冠尹先生在香港筹备建立讯诚电业公司，主要经营电源保护及优化系列、漏电感应断电系列、RF和IR遥控系列、电脑周边产品系列等。公司成立后，采取了先进的管理理念，产品以价格优惠、品质优良、交货快速等优点，很快赢得顾客青睐。

　　讯诚公司成立之初，资金、人力、设备都紧缺，而且场地也偏小，如何在最短时间内创造最大价值？公司采取了柔性化管理方案，灵活地根据市场需求组织生产，这让生产不会过量，杜绝产品过剩发生。

　　做到防止产品过剩可不容易，要在适当的时间、地点生产出足量、保质的产品，就要公司上下进行严密细致、一丝不苟的管理。就像喜鹊筑巢一样并非叼来树枝就万事大吉，它会细心地按照交叉顺序摆放，还要不断修整，才能搭建出牢固的鸟巢。

　　除了根据需求去生产，还需要持续改善。持续改善是日本企业管理的模式之一，它们希望在问题变得严重之前就去发现、去改进，也就是我们平常说的"防患于未然"。在这两种思路指导下，讯诚的产品创新不断，而且很好地控制了成本，为企业赢得了最大利润。

　　有了利润才有发展，这是公司经营的根本。然而，现在的市场已经进入了微利时代，各行各业的竞争都以价格优势为主。面对残酷的价格大战，讯诚公司也向传统大企业发起冲击，产品价格总是低一点，这样可以更轻易地打动消费者。当然，价格低并不代表品质差，讯诚公司的品质、服务比起大公司毫不逊色，甚至更为可靠，这样的公司自然深受顾客喜爱。

讯诚从无到有、从小到大，如果为其总结一下，就会发现它与许多优秀企业在管理过程中的共通之处。

一、不断推出新产品。

创新是企业永恒不变的主题，推陈出新、尖端技术，是竞争的最大优势。讯诚在发展过程中，一直紧盯美国各种行业规范，推出了各种新产品，使自己保持着领先优势。

二、精益管理，降低成本。

危机之下，产品利润急剧下滑，部分产品利润甚至下降了一半。没有了利润，如何去生存？答案只有一个，想办法降低成本。

讯诚采取了内、外功兼修的策略，通过管理来严格控制成本。比如调顺各部门之间的关系，让生产节奏更快。公司在1995年搞了JIT管理试点，效果很好，于是将之推广到全公司。

三、鼓励团队精神，强化企业文化。

一家优秀的企业就是一个高效率团队。企业应该积极鼓励员工持续学习、不断进取，为其创造晋升的环境。讯诚曾经实行"计时表"制度，员工们在此措施的激励下装配效率提高了很多。

四、与其他企业的合作。

企业不是独立存在的，不仅有供应商为其供货，还有销售商为其销货，与它们维持良好关系也很重要。

五、如何走好下一步？

从OEM（定牌生产合作）、ODM（原始设计制造商，指一家公司根据另一家公司的规格来设计和生产一个产品）到OBM（原始品牌生产商，即生产商自行创立产品品牌、生产、销售拥有自己品牌的产品）是华人企业成长的显著特点。新加坡以及中国香港、中国台湾地区的知识密集型产业多，管理、技术都比较先进，而大陆的企业具有人力资源优势，如果两者能够互相结合，取长补短，倒是增强竞争优势的好机会。

【案例分析】

JIT管理，即准时生产方式，概括为"在需要的时候，按需要的量生产所需的产品"。这是日本丰田公司在20世纪60年代推出的管理模式，曾帮助丰田顺利度过第一次能源危机。从此，这种管理模式引起各国各企业关注，并被逐渐推广到欧美各国。目前，这一模式与源自日本的其他生产、流通方式一起被称为日本化模式。

JIT管理模式也帮助讯诚度过了1997年亚洲金融危机。

【怎么办】

企业管理需要真功夫，这个功夫并非一定枯燥无味，如果用心去做，用心去体会，也会获得无上乐趣。谁又敢说，喜鹊用心血筑巢是它不乐意做的事？它愿意去做，并且愿意为之付出，这才是事情的本源，是企业积极向上的本源。

所以，管理应该从核心开始，从上到下地激励每个人的信心，促进员工自我提升，企业才能持续进步，持续发展。

> **一语珠玑** 做好准备的人挺好，耐心等待的人更好，但只有懂得利用正确的时机的人才是最明智的。
>
> ——阿图尔·施尼茨勒

法则15

海豹钻孔

——步步为盈利

盈利是企业发展的基础，再多的资产、再先进的技术，产品不盈利，哪家公司也坚持不住。不管什么样的经济环境，企业经营的目的就是实现持续盈利。

见过海豹吗？生活在冰冷南极的海豹，到了冬天就到冰层下过冬，因为水里的温度比陆地上高。可是水下如何呼吸呢？聪明的海豹有的是办法，它们用锯齿般的门牙在冰层上"锯"开一条缝，然后将缝隙扩大，形成空洞，这就成了海豹呼吸的通道。

生活在较温暖的水里，呼吸着水面上的空气，海豹的做法令人叹服，也令企业家们想到步步盈利、巧妙过冬这个主意。

企业要获得丰厚的盈利，必须内外结合。"内"指的是企业自身的能力，包括资产、经营、管理等，这是海豹借以取暖的"水下"；"外"指的是市场、顾客需求等，这是海豹可以吸入氧气的"水上"。内外结合越紧密、越持久，盈利就越大、越长久。通常情况下，企业可以从三个步骤去考虑盈利模式和管理方式。

一、寻找利润点。

利润从哪里来？首先要看产品的行业属性，即所属行业的资产结构、盈利空间、成本结构等等。行业不同，投资、成本结构就不一样，只有了解了本行业的成本构成，知道产品的平均成本是多少，才会找出利润点。

二、从利润点出发，设计盈利模式。

找到了利润点，就要围绕它进行战略、营销规划。企业的战略必须与利润点一致，否则就会南辕北辙。这就像海豹钻的孔如果不能为它提供氧气，那它就无法活下去。

许多企业面临这样的问题：在创业三五年后，规模扩大了，可是利润总是上不去，两者之间的比例不协调。出现这种局面很重要的原因就是没有良好的盈利模式，平均利润上不去。

有效且便捷的盈利模式是什么样的呢？美国埃森哲咨询公司曾经研究过70家企业的赢利模式，却发现没有一个是始终正确的。因为企业处于动态之中，很难保证哪个模式会产生最大效益。不过他们的研究也发现，所有成功的盈利模式具备一些共性。

(1)具有独特的价值性。诸如新的思想和服务，能让顾客以同样的价格得到更多的利益。如美国的Home Depot，是一家出售家用器具的连锁商店，就采取了低价格、多品种、高品质服务相结合的盈利模式。

(2)具有难以模仿性。诸如直销模式，虽然人人都可以加入，都知道企业如何运作，可是却不见得人人都会盈利。比如戴尔公司就是此模式的佼佼者，每个商家只要愿意，都能模仿它的运作模式，却无法取得与它同样的业绩。

(3)具有诚实性。每个模式都是实事求是的结果，是对客户需求正确理解的结果。

三、要有行动步骤，并且步步为营。

只有计划没有行动，结果等于零。很多方案无法贯彻下去，不是想错了，而是缺少执行力。海豹想好了呼吸的办法，就要不惜一切代价锯开冰层，不管冰层有多厚。

有对夫妇在社区开设了一家便利商店，每天早出晚归辛苦经营，却赚不到钱。后来他们在高人指点下，转变经营思路，提高了商品价格，增加了商品种类，并提供送货上门等便利服务，生意才逐渐好了起来。

也许有人觉得，便利商店提高价格会不会影响销量？这就要看具体情况，社区的便利商店不像大超市，本身购物的人数有限，但是都是急用，对他们来说，价格不会放在首位，解决问题才是主要的。比如买一瓶酱油，等着做菜用时谁会考虑超市和便利商店哪家更优惠？

便利商店以提供便利为主，就要多增加日用品品种，如牙膏、打火机、卫生纸、牙签等都要齐备。当然，这肯定会增加投资，那么店主为了使商品流动快，减少积压，就要每个品种减少品牌，比如卫生纸，只进一两个牌子的，这就可以降低成本，提高利润。

至于送货上门等服务措施，一来可以增加销货量，二来增进了与顾客的感情，还可以附带着提醒顾客是否需要其他商品，这样顾客会越来越信任店主。

另外，便利商店还可以根据具体情况增加商品，比如针对社区内顾客的喜好、消费层次等来选择商品。如果在一个高级社区，商品就要选择有一定品牌和知名度的，这种商品不仅利润空间大，购买者还多。

从小小便利商店的盈利模式来看，商业类企业也该尽量扩张自己的销售范围、销售人群，通过提高单家商店利润，实现整体利润上升。

【怎么办】

盈利模式是企业的硬件，是挣钱的直接手段，要想让企业运转灵活，当然还需要软件，这就是企业的软实力。比如一家企业行政人员的精神风貌和办事效率，往往会体现出这家公司的盈利情况，这就是软实力的作用。

一语珠玑 只有等待加实干的人，才能获得成功。

——爱迪生

法则16

狼式捕猎

——主动出击，打猎是最好的防御

不是所有的动物都能在冬天储备粮食，比如狼，尽管它聪明又能干，也不可能储备一个冬季食用的肉类。那么，它该如何过冬？狼选择了主动出击，不管天多寒、地多冻，它都有捕获猎物的方法。

【趣闻快读】

冰雪覆盖下，一望无际的草原变成了雪的世界，晶莹洁白。草原北部的一群黄羊嗅到了雪底下青草的气息，很快来到这片冬雪里的绿洲，兴奋地刨食起来，却全然不知危险正在逼近。

几十条狼在狼王带领下虎视眈眈，它们盯上了这群肥羊。

白天，狼盯着黄羊，一动不动地埋伏在雪地里。天黑了，黄羊们成群结队地寻找背风的地方休息。这时狼依然不动，它知道黄羊除了速度，还有不会"睡觉"的鼻子和耳朵，任何风吹草动都会惊醒它们。

狼还在死死地盯着，一夜都没有行动，它在等什么？天色发白了，那些安睡一夜的黄羊开始起床，有几只准备去撒尿。就在这一瞬间，狼冲着它们猛扑过来，紧追不放。黄羊没命地奔跑，无奈膀胱太涨了，怎么也跑不快。不一会儿，膀胱破了，黄羊后腿抽筋，瘫软在地，被追上来的狼一下压住，再也无力逃生。

黄羊跑得再快，也有跑不快的时候，聪明的狼知道在什么时候出击可以一招制胜。对于企业来说，如何在寒冬中把握好出击的时机，也很重要。

没有比建立一支市场开拓队伍更有效的了。开发市场很难，就连狼都不肯冒险追捕羊，如果企业贸然开发市场，危险性可想而知。狼除了偷袭羊之外，更多的时候会组织围攻。比如它们会等着那群黄羊吃饱喝足，在狼王带领下围攻它们。黄羊群在头羊带领下逃奔，逐渐被逼到死角，这时年轻的、有经验的黄羊会突围。有意思的是，狼王会为突围者让开一条道，等到它们逃生之后，再迅速堵上突围口，拦截住那些跑得慢、角不再锋利的黄羊，作为它们的晚餐。

狼的围捕充满了智慧，企业的市场开发也充满玄妙。一支新市场开拓队伍，犹如一支充满斗志的狼群，最后能否顺利开疆扩土，也有窍门可循。

首先，开拓队要有自己的队长，就像狼群要有狼王一样。他必须具备丰富的营销理论和市场经验。他要亲自带队，密切关注市场情况，比如顾客、媒体、竞争对手、终端市场等。同时，队长要掌握每个队员的情况，选择那些能力强、作战勇敢的销售精英共同参与，并鼓舞士气，组织战斗。

接着，开拓队可以考虑如何进入市场。进入市场非常不易，尤其是规模不大的中小企业，会面临推广费用不足、知名度低等困难，这时开拓队可以以"汗水"换"金钱"，也可以用产品敲开市场之门。当然，多数情况下他们会双管齐下，甚至找到更多办法。

"汗水"是勤劳的代名词，开拓队在试验期内，必须不停地奔走、不停地工作，还要节省下每一分可节省的钱。同时，他们是市场试验者，最能准确地判断出市场运营情况。如果实验一段时间后，产品无法推广，企业就要调整经营策略。

而如果能够有一款价格优惠、需求量大、品质又好的产品，则会带给开拓队很大信心。谁都想购买物美价廉的东西，顾客如果满意了这款产品，会更容易接受公司的其他产品。

开拓市场的队伍还会给公司带来很多好处，比如：一来给公司提供一定经验，有利于企业完善营销模式；二来可以将经验推广到其他市场；三则同时培养出高素质高的营销队伍，提高商家的信心。

最后，开拓市场要注意控制好投资金额。应该像狼一样精明，在恰当的时机果断出击，不要浪费人力、物力，更不要打草惊蛇，吓跑了到嘴边的肥羊，将市场做成"夹生饭"。

【怎么办】

狼围捕黄羊的经验告诉我们：要么出击，要么死守；犹豫不决，或者时机不当，可能会浪费了机会，一无所获。因为一次出击不成，第二次围捕会更难。在羊群中，那些富有经验的老黄羊和头羊，会懂得抗拒绿草的诱惑，不至于把肚子吃撑到影响速度，影响生命。这时，狼想对付它们，显然要比对付那些初生的、毫无经验的黄羊更困难。

一语珠玑 不渴求达不到的东西，就无法得到可达到的东西。

——库尔特·海涅

法则17

雪豹冬天觅食
——多元融资，聚集能量

雪豹的捕猎方式与狼不同，它是机会主义者，会在黄昏时分蹲在岩石间，看到路过的动物时就跃起袭击。当冬天找不到食物时，雪豹还会吃掉任何可以发现的肉类，这让它拥有快速、多元的食物来源。同时，雪豹还有多种御寒措施，说起来很有意思。

【趣闻快读】

雪豹有一条长长的尾巴，几乎超过身长的一半。如此长的尾巴不仅能帮助它掌握平衡，还有保温作用呢！在极度严寒时，雪豹会用尾巴遮住口鼻，防止热气散发，以此来保温。雪豹生活在高山之上，会随着天气变化垂直迁徙，夏天主要活动在海拔5000米的高处，冬天则到海拔1800米以下的低处活动。它的毛色和花纹与岩石相似，成为很好的隐蔽色。它经常按照一定路线在山脊、溪谷边行走，目的就是伺机抓捕猎物。

多种多样的防寒举措，让雪豹具有了顺利过冬的条件。企业亦是如此，要想在艰苦的环境下生存，多元融资，准备多套防寒方案是必不可少的措施。没有资金，就断了粮草；没了皮毛，过冬之难可想而知。

一般来说，融资有两条途径：一是通过银行贷款，二是进入资本市场。

【案例分析】

汇丰银行曾用了4年时间完成一个著名的融资案例，为新世纪集团融资达14亿美元之多。新世纪集团是一家中国公司，融资面临着一个巨大困难：

世界各国对其房地产市场不够了解。为此，1999年5月，汇丰银行先后在中国香港、新加坡等地举办中国住房改革研讨会，并组织访问、演讲活动，足迹遍及亚、欧、北美等洲的11个城市，极力宣传新世纪集团，并帮助它发行了公司债券。

在这次融资过程中，最关键的步骤是换股程序。债券持有者可以换取公司股票，共有三种方式：初次公开发行中认购的；将债权折算成股票出售；只认购最大债权股。经过这种宣传和新颖的融资策略，规模仅为5.86亿美元的新世界集团，发行债券总额超过14亿美元，而且债券发行后交易价格持续高涨。

银行是企业融资的主要渠道，不过银行大多喜欢锦上添花，不愿意雪中送炭，所以倾心于那些资信优良、规模较大的企业，这为很多困境中的中小企业带来难度。在经济不景气时，企业即便具有良好的资信，也难以取得银行信任。追想2008年经济危机是如何爆发的？就是金融系统崩盘！

无法从银行融资，企业可以考虑进入资本市场，这是融资的直接渠道，具体分为股权融资和债券融资两种形式。股权融资是许多大企业大公司最常见的模式，要求高、期限长、成本高、程序复杂，对于特定条件下的企业来说，这种方式显然不够快捷简便。

那么，债券融资就成为很多企业的首选，新世界集团就是利用这种形式，并凭借汇丰银行帮助，一举融资成功。当然我们也应该注意融资过程中的种种问题。

一、信用问题

企业发行债券进行融资，首先要得到投资者认可，不然债券无法发行。这需要企业起码具备良好的信誉和良好的资产负债情况、投资效益、现金流量分布，才会有人肯为其掏钱。

二、融资渠道

在我国台湾，中小企业一度是经济增长的主力军，它们的融资渠道十分丰富，银行、资本市场、民间借贷，都会提供多种资金。其中银行发挥着重要作用，以抵押贷款、担保贷款等形式满足中小企业短期流动资金不足或者创业融资需求。

【案例分析】

马先生有多年工作经验，并且出国留过学，在一家国际咨询公司上班。20世纪的最后几天里，他决定辞去工作，自己创业。他看中了刚刚起步、势头强劲的网站业务。

他用自己积存的几万美元开发了产品Demo版，并与两个人合伙，创建了一家不足十人的小公司。公司刚开张，就面临资金不足的问题，怎么办？马先生知道可以通过风险投资商来融资，经过一段时间的寻找和比较，他找到了SinoBIT网，并前去咨询。结果，SinoBIT的管理层十分欣赏马先生的产品，建议他做了一个商业计划书交上去。五天后，SinoBIT同意了马先生的计划书，并与他正式签约。不久，另外两家风险投资机构听说了马先生的设想后，也纷纷约见他，并且很快做出正式合作的决定。从马先生决定自己创业，到先后得到三家风险投资公司的认可，时间过去了不到四个月。

【怎么办】

风险投资作为融资的新兴事物，正越来越受到创业者的喜爱和依赖。风险投资公司经营的是风险，失误率高达90％都是正常的，可是普通投资银行就不行了，失误率必须控制在10％之内，而商业银行就更可怜，失误率不能超过1％，这种巨大的差距促使风险投资公司成为创业者融资的热门之选。

> **一语珠玑** 大多数的错误是企业在状况好的时候犯下的，而不是在经营不善的时候。
> ——阿尔弗雷德·荷尔豪森

向强者看齐

日本UNIQLO（优衣库）：十年打造一件"厚棉衣"

知道日本的新首富吗？有人戏称他是一个裁缝。其实叫他裁缝也没错，因为他确实是位服装界大亨，靠做衣服、卖衣服发家致富，名字叫柳井正。在2008年经济危机中，裁缝柳井正有句响当当的名言：经济危机是我的好朋友。

在人人谈危机色变，纷纷为寻求御寒良策绞尽脑汁时，柳井正的话可谓石破天惊。他究竟有何妙方，竟敢如此大言不惭？难道他早就预备下了过冬棉衣？

没错，柳井正经营的UNIQLO用十年时间打造了一件"厚棉衣"，这就是他越冬的法宝。

UNIQLO创建于20世纪80年代，90年代开始进入发展期。谁能想到，此时正赶上了日本长达6年的经济萧条期。经济不景气，导致服装业出现大变局。当时日本服装市场两极分化，一极是价格昂贵、品质高档的高消费服装，一极则是便宜、品质较差的低端服装，这对于遭遇经济萧条的人们来说，两种服装都不理想。于是一种品质高、价格低的产品呼之欲出。UNIQLO抓住时机，即时推出了适应大众消费的休闲服饰，如衬衫、牛仔裤等。这类服装简洁、时尚、价格不高。另外，为了降低成本，UNIQLO还将工厂搬到了廉价地区，帮助消费者实现了不用花大钱就能买到高品质服装的梦想。

可以说，20世纪90年代日本经济萧条给了UNIQLO做大的机会。

此后，柳井正继续从生产到零售做大做强。UNIQLO品牌打响后，一直贯彻设计、生产到零售一体化经营路线。这一路线来自于美国校园仓储式销售ＣＤ模式。购买UNIQLO，就像在商场采购日用品一样，可以随便挑选，随便搭配，自由且简单。

UNIQLO的产品款式多样，色彩丰富，其倡导的百搭风尚，更是给消费者提供了更多的空间，受到消费者欢迎。UNIQLO还尽量节省开支，以时尚设计、质优价廉、加速流通渠道的竞争模式，使得产品畅销不衰。

经过10年准备，在2008年经济危机来临时，UNIQLO已被排在了财富前列。到2009年4月，公司已经实现持续6个月增长的目标，与去年相比，上升了19％。这一下，柳井正被推上了日本首富的宝座，难怪他说出"经济危机是我的好朋友"这句话。

是啊，没有这次经济危机，谁又敢说柳井正会成为日本首富？但事实就是这样，柳井正从最传统的行业发迹，却一跃超过了那么多新兴、高利的行业，他的故事说明一个道理：不管哪行哪业，只要有充足的准备，都有可能安然过冬，并且做到最好。

不是吗？服装业历来被认为是最受危机冲击的行业，平价商品被认为不可能做成品牌，但是UNIQLO全部做到了，还成为国际化市场的一员。

如果哪家企业也想摆脱经济危机的噩梦，并走上国际市场，从UNIQLO那里学习经验是再实用不过了。

主打快速时尚品牌，是经济危机给予的机会。快速时尚品牌起源于欧美，特点是价格低廉、样式时尚、品质和服务优秀，而且公司的管理系统先进，反应快速。这些特点决定这类公司的产品受到大众广泛欢迎，从而销量剧增。西班牙的ZARA就是这类产品的典型代表，它的旗舰店选在与奢侈品牌相邻的地段，重视包装，品位高档，价格却很实惠。为此《时代》杂志认为这类产品将是经济萧条时人们的首选。

与之相对应的是那些知名品牌，看看它们在严冬中的日子吧，皮尔·卡丹因无力支撑在中国业务的品牌使用权，只好卖了；星巴克也有些仓皇，想尽办法以求自救。

快速时尚品牌如此受欢迎，这不仅表现在服装界，其他行业亦是如此。大名鼎鼎的日本东洋水产株式会社是生产水产食品的，2009年的销售业绩直线上升；日本的家具连锁宜得利，在2009年家具销售业绩普遍下滑的情况下，反而上升；日本的便利商店销售额超越了百货店，更直接地向人们显示了快速时尚品牌的魅力。

除了产品外，营销模式也是决定公司成败的关键，UNIQLO采取了SPA营销模式，即自有品牌服装专业零售商模式，也就是平时说的专营店模式。很多服装企业，长久以来都是采取订货会、展销会等模式，通过批发商卖产品。这种模式周转较慢，而且大量订货必然预示着很大风险，在这个市场千变万化的时代，已经不再适用。只有生产与销售紧密结合，缩短两者之间的时间，以最快速度反映消费者需求，才能跟上时代步伐。所以，店铺销售已经成为诸多品牌竞争的终端之地。

还有，先进的管理是保证产品开发、生产到销售的软件。如今资讯传播加速，产品同质化严重，相同产品可以在最短时间内在多家专营店出现，这就使得产品不再是销售的唯一核心竞争力。那么靠什么去竞争？只有靠管理模式，比如到货时间、售后服务、产品附加价值等能否最快满足消费者需求，这些方面做得好都会提升公司的形象，并且吸引更多消费者。

同时，控制库存，加快滞销品促销，也是现代管理中一门重要的学问，是危机中减少开支、提高资金使用率的有效环节。

第四章

学勤劳的动物，
储备过冬的粮食

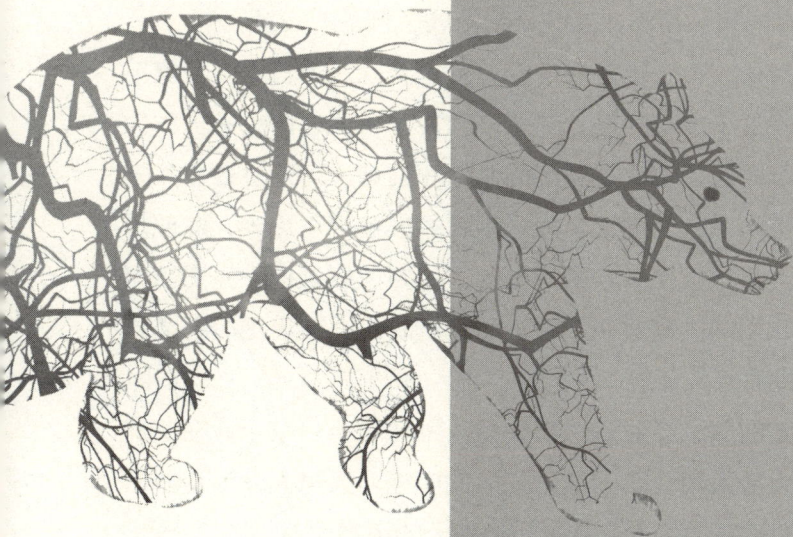

法则18

家底要保留
——趁着严寒聚拢人才

企业是个生命体，要维持生命体的温度，需要储备太多的东西，不仅包括资金、管理、产品，还有人才。大萧条来临时，最明显的表现就是裁员、倒闭。此时失业者不计其数，为什么还要储备人才呢？

【趣闻快读】

一则寓言故事讲道：兔子被狮子抓住，为求保命，答应每天给狮子招来其他动物为食，兔子是怎么做到的呢？很简单，它蹲在洞口写一篇《浅谈兔子是如何吃掉狼》的文章，这引起了狼的好奇。于是兔子就领着它走进山洞一探究竟，结果只有兔子出来了。后来，兔子又依次把野猪、狐狸等动物领进山洞，它们同样也没有出来。自然，这些动物都成了狮子的美餐。

后来，狮子被猎人射杀，兔子也变成一顿美餐。至此，森林本该恢复平静了，偏偏有一只老虎受这个故事启发，抓了一只羚羊，要它像兔子一样为自己骗取动物。羚羊被迫同意，也蹲在老虎的洞口写文章。可是过去好几天了，一只动物也没有走进山洞，老虎很生气，咆哮着准备责怪羚羊，发现羚羊早就逃跑了，地上却留了一篇文章，题目是："想要做好老板，先要懂得怎样留住员工"。所以，相同的商业模式并不适合所有人，盲目把旧的经验移植到今天的环境中，失败是难免的。

企业经营是全体员工的事，企业竞争最终是人才竞争。一家企业在快速发展期，往往也是人才大量聚集、活力非常旺盛的时期。大量人才为企业做出各式各样的贡献，可谓添砖加瓦，铸就起一个庞大的盈利体系。

可是，随着秋风乍起，企业中最敏感的人首先感觉到了寒冷，薪资迟迟不发、待遇开始降低、有些人无缘无故被扫地出门——他们不得不面对一个现实：冬天要来了。

企业难过，企业中的每个人也难过，大批失业人员被迫走上街头，苦苦寻找新的就业机会。在这时，有些企业却独具慧眼，为挖掘那些高素质人才悄悄做着准备。

这些人才可能因为原来所在的企业受到冲击而失业，如果小企业抓住时机，就可能一举壮大。小企业没有太多的投入去选人、培养人才，可是却可以到最强的竞争对手那里去挖人。这是多少年来小企业发展的一个秘密。三国时期的刘备是如何成功的？就是懂得挖掘大批人才。"傻子过年看隔壁"，不用先去设想如何发射卫星这样的大事，模仿身边的成功者，就会学到最简单的成功法则。

挖掘外部人才的同时，也要善于留住内部人才。不要到了冬天首先就想到裁员，裁员必须经过慎重考虑。很多时候，你这时辞退的人才，等到经济复苏时重新招募，可能花费的代价更高。

所以，企业在缩减一些项目不得不裁员时，对于那些必须保留的人才依然要另行对待。比如开诚布公地用各式各样的方式鼓励他们，让他们积极为企业解决困难出谋划策，以此激发他们的士气，保持组织的活力，这无疑就是企业抵抗严冬的火种。

人才应该被放在最合适的工作职位。没有最好的人才，只有最合适的人选。如果你需要一位安保人员，那么再高级的技术专家也派不上用场。IT安全人才可能不懂怎么赚钱，但必定要为企业赚钱做好安全工作。美国总统奥巴马因为黑客问题越来越严重，准备设立一名专门负责网络安全的政府官员，使得安全专业人才因此而备受青睐。

另外，经济增长缓慢时，也是与员工进行沟通和培训员工的好时机。在经济快速增长时，没有精力和时间与员工交流，也没有时间让员工接受培训；而这时，经济发展迟缓，培训费用会降低，员工也迫切希望学会更多知识和技能，从长远看，肯定是件好事。

再者，为了提升员工的业绩，在大多数企业减少各种会议时，不妨多增加与顾客座谈、与经销商切磋的会议，这样不但沟通了彼此感情，还鼓励了员工的士气。

【怎么办】

企业招纳人才的渠道有多种，而人才租赁是其中一种比较实用的方式。人才租赁，传统说法叫人才派遣，是企业根据工作需要，通过人才服务机构租借人才的一种用人方式，是一种高层次的人事代理服务。

企业租赁人才有什么好处呢？企业的用人与项目开发是密切相关的，当企业开发或停止一些项目时，人才流动都非常大。比如开发一个新项目，就需要大量员工。可是项目开发完了，就只有解散这些员工，这就需要大量费用。如果企业采取了人才租赁方式，问题就简单多了。企业只要与租赁公司签订合约，由后者提供各种类型人才，这些人才做完相对工作，得到报酬后，即解除与企业的合约，继续留在租赁公司服务。

这样，企业就会节省下培训费用、人才管理费用等大量成本开支，这样的话，既解决了用人之需，又省下多项支出，一举多得。

一语珠玑 当我们不犯错的时候意味着我们尝试的新东西还不够。

——菲尔·克耐特

法则19

钱挣钱，不犯难

——提高资金使用率

听说过犹太人亚伦的故事吗？他可是位赚钱高手，他移居英国之初，靠做小生意赚钱，后来生意扩大，需要更多的投资，于是不得不借钱经营。亚伦借的钱都是高利贷，这让他辛辛苦苦赚的钱大部分流入放高利贷人的手里。亚伦很不平，心想，辛苦做生意风险又大，赚钱又少，还不如去做放债生意呢！

几年后，当亚伦有了一定经济基础后，果然做起了放债业务。他抽出部分资本放贷给别人，从中赚取利息。有些急等用钱的人会以很高的月息借贷，一年时间亚伦就可获得巨额的回报，比做生意还赚钱。亚伦对自己的这项副业非常投入，他开始尝试着从银行以低利息贷款，再以高利息放贷，赚取差额。很快，亚伦在这条路上一发而不可收，迅速发迹，在他63岁去世时，人们发现他拥有的钱财不计其数。

俗话说"人挣钱难上难，钱挣钱不犯难"，这句话正是亚伦赚钱的秘诀所在。谁都想发财，哪家企业都想盈利，为此恨不能将一分钱掰成两半花，这就要提高金钱使用率。想法是好的，可是怎么做到呢？

企业的血脉是资金，管好用好这些资金，让它们创造最大利润，是企业的最终追求。在这里我们以生产型企业为例，看看怎么样让每一份资金都能发挥最大的能量。

一、减少库存，根据需求储备原料。

生产必须储备原料，没有原料就无法加工产品。可是同样的企业，有的可以非常轻松地赚大钱，有的却存着大量原料加工不出产品来，而有的则产品卖不出去，造成原料堆积。原料堆积，势必占压资金，而且还占用仓库，消耗仓库管理人员的劳力，从多方面增加成本支出。那怎么样才能让库存保持合适，既不堆积也不缺货呢？这需要采购、生产和营销三方面密切配合。采购部门必须盯紧营销情况，从市场变化、发货、发样品时间来决定购货时间、数量等。如果采购与营销合拍，会极好地促进资金周转，不至于让"钱"变成"原料"躺在那里睡大觉。

减少库存，还要注意精简产品种类，因为同时加工10种产品与5种产品是很不一样的。当储备10种产品的存货时，每种需要资金100元，就会占用 $100 \times 10 = 1000$ 元的资金；而且如果只生产5种产品，则只占用 $100 \times 5 = 500$ 元。能够以500元资金运转企业，当然比1000元更轻松。

二、减少不必要的工作程序。

生产过程中也有提高资金使用率的机会，这就是减少不必要的工作程序，使得产品开发、生产、管理能够流畅作业。就像没有比畅通无阻的道路更利于车辆奔跑的了，在这样的路上行车，比在颠簸的路上行车肯定会省油、省力。

三、提高产品附加价值，紧跟市场节奏变换产品样式。

市场千变万化，产品层出不穷，生产不要埋头苦干，要与市场结合，跟上时代步伐。

四、与经销商家维持良好关系。

产品要靠商家去销售，这给了商家很大的主动权，也一度让他们成为生产企业的"上帝"。生产企业唯其脸色行事，苦不堪言。总结这些教训，生产企业在授权销售时，必须考虑对方的资金实力、信誉度，及时收回货款。

如果生产企业还不能体会到销售商信誉的重要性，就请看一个数字：10%，它的意思是前人经验证实，赊出去的货只有10%的可能性能收回货款。

五、加快物资、资讯、现金流转。

物资流转速度快慢也是资金使用率高低的明显表现。仓库的货物周转快时，企业利润会提升。像雅芳公司干脆取消了仓库管理，采取48小时"端到端"直销模式。

除了物资流转，资讯、现金流转也很重要。比如一件名牌服装，在某大超市售价仅为200元，可是生产成本＋销售成本＋税金＋其他费用，大约为150元左右，如此小的利润空间怎么进行名牌运作？其实，这家服装厂看重的利润空间不在一件衣服上，而是希望通过大众消费，实现高效管理，这样，企业会得到很多最新资讯，并据此改变服装样式，加速物资、现金流转。

很多企业都在力图减少库存、减少资金占压，比如有些企业推行每周一次清理仓库制度，有些企业则实行每月处理积压产品措施，这些无不是为了提高资金使用率。

【怎么办】

产品最终在商店、超市或专营店内被消费者买走，因此企业是直接与零售终端合作，还是通过各级代理机构销售，营销模式不同对于利润的影响较大。代理机构曾经十分红火，原因是产品比较稀少，购买力旺盛，代理会为厂商及时提供资金，还节约下很多销售费用。可是现在市场变了，产品堆积如山，要想打动消费者需要在终端下功夫。

这时的厂商可以直接与终端接轨，减少中间环节，加强产品知识宣传，这样会减少产品周转时间，比如本来两个月更换的产品，如能提前到一周左右，消费者就能更快、更新地了解产品动向。

一语珠玑 管理的本质是激发善意和潜能。

——彼得·德鲁克

法则20
手有余粮才不慌
——客户也需要储备

企业过冬，还有一件事情要做好，那就是储备客户。前面我们说过储备人才、储备技术等等，那客户应该怎么去储备呢？

客户是产品的购买者、利润的实现者，到了经济危机时，客户会明显减少。也有不少企业为了节约开支，减少了很多与客户交往的活动。可是如果冷淡了老客户，要想开发新客户可能会花费更大的精力和金钱，因此，储备客户就显得很重要。

【案例分析】

在美国某城市郊区有片山坡，土质很差，是块不毛之地，一直无人问津。地皮的主人见此，费了不少工夫以低廉的价格转手给了他人。这位新主人可是位经商天才，他买了地皮后，立刻到当地政府部门去游说："我是位教育救国者，我有块地皮，想捐赠给国家。不过有个条件，就是要在这里修建大学。"

政府一听，有人肯白送地皮给自己，自然喜出望外，立即就答应了。

那位新主人果然兑现了自己的诺言，将地皮的三分之二捐给了政府。没过多久，政府也履行诺言，在地皮上修建起一座规模不小的大学学府。再看，那位聪明的捐赠者，他也行动起来，在剩余的三分之一地皮上修建了学生公寓、商场、酒吧、剧院等设施，一条商业街出现在人们面前。自然，这条商业街为他赢得了巨额利润，远远超出他当初捐献地皮的价值。

一块不毛之地变成了繁华的商业街，这种商业行为实在高明。商人十分懂得储备的道理，以地皮为诱饵，让政府帮忙建起大学，这等于为他储备了最大的客户群体。与这种隐性储备不同的是，多数经营性企业中，储备客户更为明显和直接。

那么，对于经营性企业，什么样的客户需要储备？答案很简单，用得着、买得起产品的客户。全球几十亿人，怎么可能谁都需要你的产品？只有那些需要企业产品的人，才是企业的准客户；而且这些人还要具有购买能力，可以为产品买单。

在企业经营过程中，企业储备客户需要做到：

一、用心为客户服务。

日本的原正文氏是位卖房子的高手，据说他70％的业务，来自于客户的再购买和他们介绍的新客户。因此不管什么情况下，企业都要为客户着想，以诚信为本，这样才能获得更多客户对自己的青睐。

二、了解客户的需求周期。

不管什么产品，都有更新换代的周期性，比如电脑，在美国平均仅仅6个月就会更新一次。掌握顾客更新产品的周期，会为自己储备下很多客户。比如，你是生产电视机的企业，某客户使用你的电视机已经三十年了，其间你们有过两次交易，这时你就应该想到，客户的电视机又已经用了十年，是不是需要一台新电视？你的销售人员如果立即打电话去，向客户表示感谢，保持联系，那么当客户想再次购买时，首先就会想到你的电视机。

三、管理好潜在客户。

潜在客户也需要管理，这会提高销售效率。可以先将客户进行分类，比如按照可能成交的时间分类，分为短期潜在客户、长期潜在客户；按照可能成交的概率大小分类，分为购买力强的、购买力弱的和暂时不购买的客户。

通过分类，我们可以找出那些最有可能与之成交，而且成交数额较大的客户，也会发现那些没有成交希望的客户，这样有利于我们进行下一步工作。时刻保持潜在客户，企业就能够比较放心。这引出一个问题，多少潜在客户为好呢？是不是多多益善？

按常理来说，客户当然越多越好，而且恰当的管理会利于企业早期就开发属于自己的客户，向他们推销自己的产品。比如化妆品公司根据分析，得知某社区潜在客户较多，就可以派遣美容师前去举办美容知识讲座，向女性朋友们传授皮肤保养、化妆技巧等常识，还可让美容师为听讲者当场化妆，体验效果。在宣传过程中，如果发现有兴趣的人，还可以推荐她免费参加公司的美容讲座，或者免费试用某款化妆品等等。

企业在储备准客户时，不要忘了老客户，尤其是那些长期以来一直与企业关系良好、忠诚度高、购买产品数量多的客户，他们为企业创造了巨大利润，是企业最好的伙伴。对待这类客户，企业要建立专门档案，切实保护客户的机密，为他们的利益着想，以便彼此之间形成一个长久稳固的利益共同体。

还有些客户与企业关系不甚密切，购买产品数量一般。这是企业重点培养发展的客户群体，应该加强与他们之间的来往，比如节日送去礼物、定期回访等等，促使他们更加信任公司，多购买公司产品。

【怎么办】

需要储备的客户有以下几类：一为黄金客户，指的是购买力强、信誉好，而且急需公司产品的客户；二为白银客户，指的是购买力、信誉都较好，长期使用本公司产品，可以为公司带来较大利润者；三为青铜客户，这类客户购买力、信誉一般，但是需要本公司产品；四为黑铁客户，这类客户购买力较差，却有需要本公司产品的可能，作为储备，有利无害。

在区分上述客户时，公司可以采取多种方法区别对待。比如资料分析法，通过统计资料、报纸杂志、各种行业报告分析等了解潜在客户的情况；还可以通过订货会、展示会等与潜在客户接洽。

一语珠玑 在制订计划之前要打开的不只是计算机，还有你的脑子。

——维尔纳·海特里希

法则21

蚂蚁储粮与觅食

——既节流，更开源

还记得勤劳的小蚂蚁吗？它们会在冬天储存粮食，还懂得随时随地寻找食物，虽然身材渺小，但生存能力却不亚于任何强大的动物。对企业来说，节流会省下大量开支，但是被动地等待也不行，随时随地开源也是必不可少的。

大家都知道守株待兔的故事，那个蹲在树底下等兔子的人，即便不吃不喝，也要等来兔子，结果荒芜了田地，饿瘦了自己。而我们知道，只有在勤恳耕耘土地时，找准时机捕获兔子，才是最聪明的做法。

Sun公司是IT业的佼佼者，公司销售及服务执行副总裁访华时，曾经说过一段语惊四座的话："危机中，企业更需要新想法、新方法、新方案帮他们走出低谷，这是很令人振奋的。现在各国政府都欢迎我们的开源技术，因为开源技术可以大大降低成本，所以在这样的形势下不管是政府还是企业，面临的成本压力会越来越大，因此对于开源平台技术的需求也就会越来越强。"

危机成为开源技术最好的机遇，因为开源技术会为企业带去更多利润。Sun公司的开源技术在全球供不应求，客户越来越多。这与多数企业市场紧缩、产品销不出去形成鲜明对比。如今，企业要想降低支付给资料库供应商的费用，首先就是MySQL；如果想降低专属存储设备的开支，首选就是配备Open Storage的ZFS。

开源技术是如何帮助企业省钱的呢？在危机中，很多企业不断削减各项开支，其中也包括IT预算。可是开源技术以出色地降低成本功能，成为寒风中屹立的常青树。以Sun公司为例，其产品速度快、价格优惠，更为突出的是，其技术一直走在同类产品前列，服务相当优秀，这些都成为它的主要竞争优势。优势归优势，它是如何与赚钱联系到一起的呢？

一、省钱就是赚钱。

比如视频会议就是节流开源、提高工作效率的新兴技术。视频会议集合了网络时代的诸多优点，具备文字、语音、视频、影音播放等多种通信手段，可以为各种会议提供服务。

一般企业中，管理人员每年用来参加会议的时间要占去工作时间的三分之一左右，而且其中大部分时间都用在了路上；另外开会所需的差旅费、办公费等、场地费等都是较大支出。而视频会议可以在任何地方、任何时间召开，费用不到面对面会议的10％。

二、节省时间，提高工作效率。

现在的企业很多都是跨区域、跨行业经营，需要召开会议解决的问题很多，可是大量会议又占去工作人员大量时间、精力。视频会议在节省了大量时间时，还可以更快速、便捷地协调工作，明显提高工作效率，增强竞争力。

三、为企业开拓营销的新空间。

视频会议不仅局限于企业内部，也适用于企业与客户、供应商之间的交流。比如，通过视频召开产品发布会，为客户节省时间、旅途费，也为企业自身节省会议费、招待费，还让与会各方都能自由安排地点、方式，不至于劳累，一举多得。在这种新模式下，企业也向客户展示了各种新技术、新产品、新观念，提升了企业的形象。

【怎么办】

既节流，更开源，才能为企业提供更多的过冬机会。IT业的开源软件持续升温，无疑是这一问题的最好说明。

一语珠玑 企业管理的一个根本任务，就是不断降低成本。

——彼得·杜拉克

法则22

蜻蜓孵卵

——回避风险，暗度陈仓

夏日的傍晚，人们常常会看到蜻蜓在池塘的水面上翻飞，一会儿盘旋在低空，一会儿用尾尖轻轻点击水面，这就是人们常说的蜻蜓点水。蜻蜓这个有趣的动作，并不是在游戏玩耍，而是在完成一个重要的使命——产卵繁殖。蜻蜓的一生，分为卵、幼虫、成虫三个阶段，蜻蜓把卵产在水里，卵会附着在水草上孵化出幼虫，幼虫叫水虿，以水里的孑孓等其他昆虫幼虫为食。水虿一般要在水中生活一年以上，发育成熟后，水虿会从水中爬出，攀到植物的枝茎上，不吃不喝，然后羽化成蜻蜓。蜻蜓就是以幼虫水虿的方式度过漫长的冬天的。企业的发展，一般也会经历由小到大、由量变到质变的过程，包括扩大规模、产品升级、企业转型等多种方式和内容。其中产品升级和企业转型，是企业发展到一定阶段的必然要求。

【趣闻快读】

跟随大人从城里移居乡下的小男孩凯尼，从一个农民手中花100美元买了一头驴，农民允诺第二天一早就把驴给他送来。第二天一早，农民找到凯尼说："小伙子，对不起，告诉你一个不幸的消息，那头驴意外死了。"凯尼想了一下，只好说："好吧！那你把钱退给我吧！""钱还不了你了，因为我已经把钱花光了。"农民装出无奈的样子说。"那就把那头死驴送来吧！"凯尼坚定地要求道。农民很纳闷，不解地问："你要一头死驴做什么？""我要将死驴派上新用场，用它作为幸运抽奖的奖品。"农民一听惊讶地大叫："太可笑了，一头死驴作为抽奖奖品，只有傻瓜才会要吧！"凯尼镇定地回答：“用不着担心，我不会告诉任何人这是一头死驴。”几个月过后，农民赶巧遇到了凯尼，就问他：“你要的那头死驴后来派上用场了吗？”凯尼极其开心地说：“我用那头死驴作为奖品，举办了一次幸运抽奖，我卖了500张票，每张票2元，我轻松净赚了998元。”农民好奇地继续问：“难道就没有谁对此表示不满吗？”凯尼答道：“只有那个中奖人抱怨驴死了，我就把他买票的2元钱还给了他，他也表示满意。”这个小男孩凯尼就是许多年后的安然公司总裁。

故事中的驴死了，就像产品失去了市场一样，小男孩并未因此把驴扔进垃圾堆，而是用在了彩券业上，这就是产品的升级。当时的彩券业方兴未艾，在农村还是新鲜事物，聪明的小凯尼正是看中了这一点，轻松地就用一头死驴，淘到了人生的第一桶金。

企业为了提高产品和服务的市场地位，往往会对附加价值低的产品和服务进行升级和换代，这是企业从产业链低端向高端升级的常用策略。经济危机发生后，很多企业为了摆脱产品积压滞销、市场萎缩的被动局面，纷纷进行产品升级换代的尝试，试图以此作为重新参加市场竞争的利器，从而赢得生存的一席之地。

【案例分析】

美国金融危机爆发后，2008年11月10日，全美最大的信用卡发行商之一的美国运通公司，成功转型为银行控股公司。运通转型，恰恰是这个美国金融服务巨擘试图扭转局势所做出的挣扎和努力。金融海啸强大的破坏力，使得整个美国信用卡业务前景黯淡无光，运通更是一下子跌入了近几十年来从未曾面对过的最黑暗的信用危机。此次转型为银行控股公司意味着运通可以通过开展存款业务，使此前的融资难题得到逐步缓解，同时，还可永久性从坚强的后盾美联储那里获得足够的资金支持。

同时，运通集团旗下的美国运通百夫长银行也全面转型为一家商业银行；而此前，这家位于犹他州盐湖城的银行，实际只是一家产业贷款公司，根据美国《银行控股公司法》，并非真正意义上的"银行"。合并后，百夫长银行将拥有总资产约1270亿美元中的253亿美元。

经济下滑给几乎所有发行信用卡的金融机构都带来了很多不利的影响，次贷危机的"渗透效应"开始处处显现。冲击最严重的不再是房屋抵押贷款，而是信用卡。信用卡市场的继续恶化，迫使已经勒紧口袋过日子的信用卡持有者，更多地陷入了债务偿还危机而不能自拔。而运通一直以顶端的富有人士为主要客户群体，要求持卡人每月足额还款是其独特之处，这虽然保证了运通的信贷品质，但是随着业务的快速发展以及来自竞争对手的压力，运通的这种方式也造成了业务的严重瓶颈，受到了一定程度的牵制。2008年前三季度，受信用坏账的冲击，运通股价快速暴跌54%，跌幅居道琼斯工业平均指数中第四位，公司经营岌岌可危。

转型后，运通声明称："在目前挑战重重的经济环境下，转型为银行控股公司将为其带来'最大限度'的流动性和稳定性。"转型为商业银行将会开启运通资金流入的阀门，将有望全力拓展融资渠道，避免此前过度依赖商业贷款运作的尴尬命运。

【怎么办】

通过转型获得了一丝喘息的机会，这不失为克服危机的一种好的办法。通过产品和服务升级，通过企业转型，提高企业抗击风险的能力，获得长远发展的后劲，逐渐成为企业生存和发展的主流趋势。

> **一语珠玑**　有时一个人受到厄运的可怕打击，不管这厄运是来自公众或者个人，倒可能是件好事。命运之神的无情链枷打在一捆捆丰收的庄稼上，只把秆子打烂了，但谷粒是什么也没感觉到，它仍在场上欢蹦乱跳，毫不关心它是要前往磨坊还是掉进犁沟。
>
> ——歌德

向强者看齐

百事公司：足够的累积养活更多企业

提起百事公司，无人不为它与可口可乐之间的竞争故事所吸引。

百事可乐是可口可乐的后生晚辈，19世纪90年代，美国北卡罗来纳州伯恩市的药剂师科尔贝·布莱德汉姆发明了一种碳酸饮料，取名"百事可乐"，并于1902年创建公司，开始经营销售。

当时，百事可乐是众多小公司中的一员，销售情况无足轻重。20世纪30年代，百事可乐为了扩大销售，一度将当时最高价为10美分的百事饮料降价一半，即顾客只要5美分就能买到。这一活动直接导致了美国饮料行业的价格之战。可是价格战没有为百事带来更多利润。其后百事又陆续推出了12盎司的大包装、改变口味等措施。然而，情况依然不容乐观，百事可乐起起伏伏，到了20世纪50年代，濒临破产危险，在低谷中艰难徘徊。

危机中的百事靠什么翻身？时间追溯到1983年，这时一位关键人物出场了，他为百事可乐带来了新生机。

此人名叫罗杰·恩里克，是百事公司新任总裁，他上任后，立即将目光盯在了品牌和企业文化上，他认为要想突破困境，必须塑造商品的个性，突出百事可乐与可口可乐的味觉差别，让人们从新的角度去认识、接受百事可乐。

于是，在罗杰·恩里克的带领下，百事可乐首先开始定位：自己的产品到底属于什么？最后，他们决定从年轻人身上发现市场，将产品定位为新生代的可乐。于是公司邀请当时著名的超级巨星为品牌代言，通过广告语"百事可乐，新一代的选择"，成功地找到了突破口。

果然，事情按照预想发展，百事可乐很快受到年轻人追捧，他们通过喜欢的偶像，将品牌牢牢记在心上。在这一主题指导下，百事可乐接连推出了一系列极富想象的电视广告，如著名的"鲨鱼"、"太空船"等。这些新鲜、特别的事物深深刺激着年轻人，符合他们叛逆的个性，更适合他们正在追寻一种与上代人不同的生活方式的心理。百事可乐从此走出逆境，开始了新的飞跃。

十年后，百事可乐花费巨资请流行乐坛巨星迈克·杰克逊为其代言，被称为有史以来最大手笔的广告运动。流行音乐是年轻人的最爱，与产品、企业结合后，为百事可乐带来了更高、更深的文化追求。此后，百事又与体育界合作，围绕"新一代"做文章，终于实现了蜕变，一飞冲天，与可口可乐销售比缩小到1：1.5。

百事可乐为小企业成功演绎了渡过危机、发展壮大的范本。

首先，再小的企业都要对自己有信心。只要产品是大众需求的，不管你开始的销量多么低，都会逐渐被人们接受。

其次，产品不只代表其本身，还具有产品以外的很多内容。因此开发产品以外的内容，在今天这个信息化时代，是更为主要的。抓住消费者心理，给产品定位，就非常重要。这种引导消费者的行为，何尝不是一种储备？

最后，企业文化需要展现给消费者，说得再好大家看不见，也等于零。没有迈克·杰克逊高歌一曲，恐怕也不会有那么多美国年轻人为百事狂欢。

第五章

学勇敢的动物，
不停地迁徙

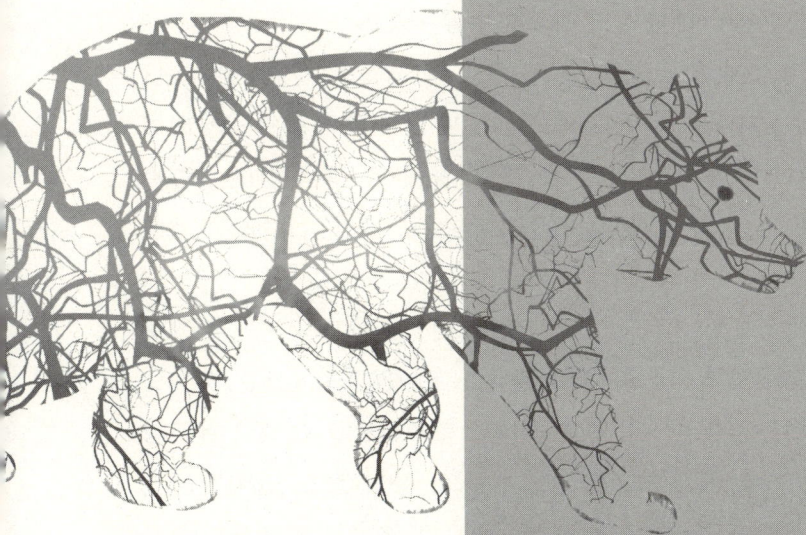

法则23

燕子出国

——走出去，寻找他乡的经济沃土

每年9月中旬，生活在欧洲北部的燕子就开始上路了，朝着东南方向的目的地飞行。它们越过欧洲大陆，穿过人迹罕至的撒哈拉大沙漠，越过广袤的非洲草原，不到两个月时间，就飞抵了迁徙的目的地——非洲最南部的开普敦。接下来的两三个月里，这些燕子就会过着安定的生活，在非洲安全地度过整个冬天，然后再飞回北方的老家。它们已经学会了与非洲当地的燕子合作，分享不同的食物。毛脚燕习惯在离地50米的高空觅食；褐喉沙燕和当地清真寺的燕子，则在离地20米左右的次高空领域捕捉昆虫；离地5米左右的低空，被那些代表欧洲部队的家燕和身上条纹较少的会腰燕所占领；至于同属低飞型的细尾白喉燕，它们的活动区域只局限在水面上。不同的觅食空间，使外来燕和本地燕能够和谐相处，共同求得生存和发展。

经济危机到来，很多企业像迁徙的燕子一样，到异国他乡新的经济区域寻求生存发展的机会。经济的一体化，使得所有企业都置身于共同的市场之中，一时一地、守土看家的经营策略，已经无法令企业获得足够的生存空间，唯有走出去，开疆拓土，才有获取足够的生存空间的可能，才有发展的希望。

走出去，来到新的经济区域，其实就是在新环境、新秩序里进行新的竞争。企业要想在新的环境里发挥自己的竞争优势，首先要具备一定的实力。最起码要具备最低层次的竞争优势，那就是低成本竞争优势。如果你有足够的资本，那就去那些经济相对较落后、资源成本较低廉的区域，运用自己的技术，使用当地低廉的人力资源和原材料资源，获取经济发达区域难以企及的低成本优势，进而使自己在竞争中占据有利的地位。如果你具备高层次的竞争优势，也就是说，你具有自己的核心竞争力——产品差异型竞争优势，产品不容易被对手模仿，就具有长期可持续性发展潜力，那么，不妨去那些经济活跃、市场比较发达的区域，在那里，企业更容易开创出一片自己的天空，获得足够的生存发展空间。

在新的经济区域，企业要学会与当地其他企业分享市场，像迁徙非洲的燕子一样，找到适合自己的觅食空间，而不是争食当地其他企业那点可怜的蛋糕。要学会妥协、合作，互相竞争又互相促进，各取所需，各得其所。

【趣闻快读】

有人给了两个孩子一个橙子，这两个孩子不知应该如何分这个橙子，各执己见，争吵起来。那人就建议说，你们一个人负责切橙子，另一个人先选橙子。结果，两个孩子各得一半橙子，都满意地回了家。第一个孩子回到家，挖出橙子果肉扔掉，留下橙子皮，磨碎混在面粉里烤蛋糕吃。另一个孩子剥掉橙子皮扔进垃圾桶，用果肉榨汁制成饮料喝。

不难看出，虽然两个孩子各自拿到了一半橙子，分配得看似公平，但他们得到的东西却未尽其用，也就是没有获取资源创造的最大利益。原因是两人没有事先说明各自的利益所在，导致盲目追求立场和形式上的公平，却并未在合作中达到利益最大化。

假如两个孩子事先充分沟通各自的需要，即便一个孩子既想要皮做蛋糕，又想喝橙子汁，只要动动脑筋，也会有办法解决。比如，想要整个橙子的孩子如果说："把整个橙子全给我吧！上次你欠我的棒棒糖就不用还了。"其实，他的牙齿早被蛀坏得惨不忍睹，父母几个星期前就不允许他吃糖了，所以他已经不需要那块棒棒糖了。另一个孩子一听，也爽快地答应了他，因为他父母刚刚给他五美分，他正打算买棒棒糖还账。如果自己不要橙子，正好可以省下钱去玩游戏。你看，双方就这样通过协商合作，达到各自的目的，使资源发挥了最大的优势，双方都获得最大的效益。

这个小故事告诉我们，企业在新的经济区域，必须学会合作。如果企业的品牌和渠道在新的经济区域处于劣势，那么仅仅靠自身的实力和自身的成长来克服，既不实际也不经济，必然遭遇市场萎缩、资金匮乏、时间过长等重大危机。解决这些问题的最好办法，就是合作和并购，合作和并购那些有一定实力和渠道资源，与自己企业生产同类产品或提供同类服务的品牌企业。这样就能使自己快速拓展市场空间，融入新的经济区域，在互惠互利中，使自己站稳脚跟，快速成长，从而确定自己在新经济区域内的主导地位。

【怎么办】

危机并不可怕，可怕的是，不知如何走出危机。如何在危机中寻找到新的商机？不如像燕子一样，寻找生存和发展的新的沃土。

> **一语珠玑** 不是大的吃小的，而是快的吃慢的。
>
> ——艾伯哈特·冯·库恩海姆

法则24

牛羚远徙

——跨区域经营拼的是实力

　　非洲大陆数量最多的草食动物就是牛羚，它们嗅觉灵敏，逐草而居，哪里有新鲜的青草，就会迁徙到哪里。它能嗅出远方雨水的气息，由此确定迁徙的方向。生活在塞伦盖蒂草原的牛羚，当旱季来临、草将干枯的时候，就会向西北迁徙，到达牧草丰饶的玛拉草原。牛羚在长途跋涉中，需要时时面对隐藏着的危险，随时会遭到饥饿的狮子、猎豹、花斑鬣狗和秃鹫等凶禽猛兽的围追堵截和大肆猎杀。一些老弱病残的牛羚，就会成为野兽的口中大餐。

　　而当牛羚抵玛拉河边时，还必须面临一场生死攸关的大考验。因为河里埋伏着成群结队的鳄鱼。这些鳄鱼贪婪又凶狠，随时会让过河的牛羚丧命。玛拉河也成为迁徙动物的"鬼门关"。只有当牛羚渡过危机四伏的玛拉河，奔向牧草丰饶的大草原，才算开始新的生活。

　　在经济一体化的背景下，企业的经营越来越像大草原上的牛羚，追逐着市场和利润，四处迁徙。越来越多的企业正从本地市场走出来，把地区或全球市场当成自己的目标市场，走出家门去淘金。哪里有利润，哪里有顾客，就把产品销到哪里去。

【案例分析】

　　19世纪，美国加州发现金矿的消息，吸引了数百万人涌向那里，掀起了西部淘金热。17岁的农家少女雅姆尔也加入了淘金的队伍。跟大多数人一样，小雅姆尔也没能淘到金，没有实现自己最初的梦想，但她却淘到了比金子还贵重的"金子"——细心的她，发现淘金热引起加州人口剧增，导致水源奇缺，淘金人陷入了严重缺水的生活。而她发现了远处的山上有水。这个发现令她非常开心，因为她想到了一条创业之路。她在山脚下挖了一条引渠，先把水蓄成很小的池塘，然后把水装进小木桶，每天跑十几里路，到淘金人聚集的地方去卖水，做起了不会亏钱的生意。聪明能干的小雅姆尔几十年如一日卖着她的水，当大部分人空手而归的时候，雅姆尔已经赚得了6700万美元，成为美国当时为数不多的富豪之一。

小雅姆尔虽然也加入了西部淘金热潮，但却没有盲目跟随众人淘金，而是发现了新的商机，改变了致富的方向，获得了成功，这是一个典型的逐利而商的案例。众所周知，犹太人是最会赚钱的，哪里有好的市场环境，哪里有好的商机，他们就去哪里。豪商巨贾的产生，需要巨大的市场和良好的环境，正是因为犹太人这种追逐市场、不恋小富即安的精神，才使犹太人中产生了大量的世界巨富。

企业在哪里经营，完全应该根据自身的经营状况做出选择，如果企业掌握着先进的技术，拥有强大的核心竞争力，产品具有可以规模生产的特性，容易获得原材料和资源，并且拥有跨区域经营的经验和管理队伍，同时有能力组建跨区域营销网络，就可以采用多区域、全球化的经营战略。

当然，企业跨区域经营就像牛羚大迁徙一样，充满了风险。来自当地竞争对手的排挤、文化的差异、生活习俗的不同、法律政策的冲突等，都会对企业的成功与否造成影响，所以如何克服水土不服，适应迁徙地环境，是跨区域经营企业应该充分考虑的问题。

【怎么办】

企业跨区经营，首先目的要明确，其次要有独到的、不易模仿的产品和服务，同时利润要有保证，还要严防当地企业的模仿、排挤和冲击。

一语珠玑 如果有一个可以把事情做得更好的途径，那就是：去找到它。

——爱迪生

法则25

稚鱼洄游

——立足差异化市场

鱼类的洄游与鸟类的迁徙一样，也是为了自身的生存而对环境做出的选择。例如鲑鱼，秋季洄游到淡水区产卵，卵孵化出的稚鱼，在淡水中度过寒冷的冬季，春天时随着融化的雪水，游入大海，开始崭新的生活。由于生存习性、适应环境的方式不同，鱼类洄游的路线、季节、地点、目的，都不相同。企业的生存也是这样，自身的产品、经营方式的不同，所服务的市场也会不同。随着市场竞争的加剧，每个企业都在挖空心思，根据自身产品的特点，采取独具特色的经营模式，寻找有别于其他企业产品的差异化市场。追求创新，诉诸概念，拓展广告，整合资源，一系列求变求异的行动，无非是希望抓住机会，在日益缩小的市场比例中分得一块蛋糕。

【案例分析】

美国总统艾森豪威尔67岁寿辰时，法国白兰地商人趁机挑选了两桶酿造67年之久的白兰地酒，用专机亲自送往美国，赠送给艾森豪威尔作为生日贺礼，并举行了隆重的赠送仪式来大造声势。进而此酒一举打入美国市场，使法国白兰地成为美国酒类的热销品。

从白金汉宫到圣保罗教堂，一路上观看英国王子婚礼盛典的观众达上百万，一家销售望远镜的商号，见此情景，立即派出员工，分散行动，在观众群里沿途叫卖："看盛典，用望远镜，花一英镑，看得更清，勿失良机，保您满意！"于是观礼者纷纷解囊，只求一睹为快，商家也赚了大钱。

法国莱克食品公司，从不设零售门市部，而是另辟蹊径，聘用了一批机动灵活的推销员，专门打听富商巨贾、名门望族的婚嫁、生日、宴会等特殊日子，以及他们各种社会关系网络，然后有针对性地上门推销。据说效果不错。有一家富翁举行生日宴会时，竟选用了90%以上的这家公司的礼品。

以上这几种方法都是利用特殊日期，采用特殊的办法，并以此为契机，赢得有别于他人的差异化市场，进而赚取特殊的利润。

【案例分析】

哈利是美国有名的宣传奇才，十五六岁时，曾在当地一家马戏团做童工，靠在马戏团场内叫卖饮料、小食品赚取微薄的薪酬。可能是经营方法简单，每次看马戏团的人都不多，买东西吃的人就更少了，尤其是哈利叫卖的饮料，鲜有人问津。

有一天，一直为买卖发愁的哈利突发奇想，有了新主意，他想，如果向每一位买票的观众，赠送一包花生，肯定能吸引更多的观众。但是老板认为他的想法很荒唐，坚决不同意。为了推行自己的想法，哈利提出用自己微薄的工资做担保，承诺说：如果赔钱就扣他的工资，赔多少扣多少；如果盈利了，自己只要一半利润，请求老板允许他试一试。老板听了，感觉不会吃什么亏，又没有什么风险，就勉强同意他试一试。

从此，哈利做起了马戏团的义务宣传员，每次马戏团开演前，演出场地外都能听到哈利充满快乐的叫喊声："快来看马戏啦！买一张票就免费赠送一包好吃的花生！"在哈利不停地宣传鼓动下，观众一下子多了起来，甚至比往常多出了好几倍。

观众入场后，哈利就开始叫卖他的饮料，绝大多数观众吃完花生后，都会感到口渴，于是纷纷买上一瓶饮料解渴。这样一来，一场表演结束，哈利的饮料销售得非常好，营业额比平常翻了几番。这里面当然还藏有哈利自己才知的小奥妙，原来，哈利在炒花生的时候，特意放了少许盐，这样不仅使花生变得更香脆好吃了，而且观众会越吃越口渴，买他的饮料自然就多了，他的生意也就红火了起来。

哈利凭借自己的聪明才智，创造了一个差异化市场，使普通的马戏团演出，不仅增加了观众，实现了销售的增长，也给自己的饮料销售带来了效益。于是，水涨船高，实现了双赢共利的目标。

随着经济的一体化和市场的日渐成熟饱和，同质化是很多企业面临的难题。要想使自己的企业在同质化的浪潮中脱颖而出，必须走差异化道路。只有找到适合自己的差异化战略，开辟属于自己的差异化市场，才能使自己的产品或服务赢得相对的市场。

【怎么办】

开辟差异化市场，一般有两种策略：一种是运作差异化策略，一种是利益差异化策略。不少企业在寻找差异化策略的时候，往往流于形式和表面，认为经过几次讨论，或者找几家营销公司策划一番，就能找到差异化市场。其实不然，企业的差异化策略应该来自市场，就像哈利在马戏团场边推销饮料一样，只有在具体的产品销售中，才能发现差异化市场的存在，才能根据具体情况，制订出合理有效的差异化营销办法。

一语珠玑 有主意的人，哪怕只有一张厨房的桌子就够了。

——杰瑞·奥斯沃尔德

法则26

驯鹿南迁

——放弃不赚钱的产品

加拿大冻原带，生活着一种驯鹿，大约一百只个体组成一个群落，过着集体生活。驯鹿群每年在冻原带北部的繁殖区繁殖后代，补充新的能量，为下一个冬天做准备。9月来临的时候，白昼日渐缩短，气温开始下降，驯鹿就开始启程，向南迁徙。出发时，三两成群，快到达森林前，逐渐汇聚成浩浩荡荡的大军，一同前进。驯鹿南迁的速度很快，每天行进速度达到60千米。到达泰加林区后，驯鹿就会在针叶林和泰加林组成的隐蔽处，靠吃枯草、树叶和埋在雪下的地衣，熬过漫长的严冬。驯鹿之所以会选择在该地区过冬，是因为这一地区生长着相对茂密的森林，积雪不至于冻硬，有利于驯鹿用前蹄刨出埋在雪下的枯草、树叶和地衣，以获得充足的食物。

驯鹿南迁，就是舍弃了不能维持生存的地方，到另一个生存环境较好的地方生存。企业也一样，当企业的产品和服务无法赚取利润，无法维持企业正常运转时，就应该考虑放弃，重新开发新的产品或服务。但实际上，情况可能恰恰相反，很多企业对待不赚钱产品的态度，常常是敝帚自珍，不甘心失败，总认为只不过是市场条件尚未成熟而已，或者营销策略不对，所以会继续花很大的力气维持，寄希望于将来某一天它能起死回生，有所盈利。其实这种做法有待商榷。

【趣闻快读】

有一天，寺庙的住持为了游说佛法下山来。住持来到一家店铺，看到一尊佛像神态安然，形体逼真，栩栩如生，心里非常高兴，就想买下来。店铺掌柜看到他如此钟爱，开口要价5000两银子，并一口咬定这个价，分文不让。

住持悻悻而返。回到寺里，与众僧谈起此事，众僧齐问打算花多少钱买下那尊佛像。住持不以为然地说："500两足够了。"众僧吃惊地瞪大眼睛，用怀疑的口气问："怎么可能呢？"住持肯定地说："只要天理还存在，就有办法。我佛慈悲，应当让他赚到这500两银子。"众僧疑惑地说："怎么才能普度他，让他领悟呢？"住持微笑着面授机宜："给他忏悔的机会。"众僧更加疑惑。住持不加解释，只是吩咐众僧："只管按我的安排行事即可。"

第二天，住持派大弟子下山，去店铺和掌柜谈价，弟子咬定4500两，多一两也不买，掌柜不卖，弟子回山。第二个弟子去店铺，出价4000两，买卖自然未成。主持一连派出数个弟子下山谈价，到了第九天，最后一个弟子下山，给出的价格已经降到了200两，掌柜仍不甘心，没有卖给他。

眼看着买主一个个前来，出的价格一个比一个低，掌柜不免着急起来，当送走第九个买主，他开始深深埋怨自己的贪心，决心到了第二天，只要有人上门，无论出什么价，都立即卖给他。

这时，住持认为时机已经成熟，就亲自下山，来到店铺里，说愿意出价500两买下佛像。掌柜一听，喜出望外，赶紧出手成交，怕迟了买主会反悔，高兴之余，又赠送一具龛台。

住持谢绝了掌柜的好意，没有要龛台，捧起那尊佛像，单掌作揖，笑着说："善哉善哉，欲望无边，凡事有度，多谢掌柜好意。"掌柜听了，似有所悟，连忙点头称是。

企业经营中，常常会遇到故事中掌柜遇到的问题。新产品刚一上市，总认为奇货可居，恨不得大捞一笔。而随着市场反应冷淡，价格一路下调，直到跌破成本价，仍然打不开市场，企业才开始着急后悔，这时，就会陷入取舍不定、进退两难的境地。所以，企业的价格策略，很大程度上决定了产品的生死。如何看清产品的合理价位，做到盈亏平衡，确实不是一件简单的事。在新的产品问世后，企业往往把目光直接集中在项目的盈利上，盘算什么时候盈亏平衡，什么时候自给自足，什么时候盈利，能够盈利多少。经营过程中，如果该项目只是出现短暂持平或盈利的状况，但又不能维持长久，那么这一项目就难以支撑企业的继续生存和发展。一般情况下，如果企业有众多的产品或项目，往往亏损、失败的产品和项目更容易吸引企业的注意力，占据企业的大部分精力和实力。出现这种情况，并不令人奇怪。但这是企业理念上的错误，是一种战略上的误导，如果企业把精力集中在失败的产品和项目上，试图挽救失败的结局，往往就会把正在盈利的成功产品和项目拖下水，从而给企业带来新的危机。正确的做法应该是，果断地结束那些失败的产品和项目，或者将其束之高阁，不予理会。如果以后机会成熟，再重新启动不迟。然后企业应该集中所有的精力和资源，投到那些正节节胜利、盈利状态良好的产品和项目上。舍得舍得，不舍怎么得，扔掉包袱，才能轻装前进。

【怎么办】

从战略上的角度看，任何产品和服务走向市场，无论盈利如何，都需要企业孤注一掷，这也是企业面临巨大风险的时刻。事实上，快速发展的企业一般都毫无利润可言，这是因为产品的后续发展需要足够的后劲，需要持续不断地投入，这种投入常常是倍增的，它的需求往往会超过前面所有的利润所得，因此，企业的利润思维，就将决定企业的命运走向。在维持一个产品或项目的存在与否上，企业必须着眼于长期的利润战略，及时舍弃不盈利或无潜在价值的产品，只有这样，才能使自己处于市场的主动地位。

> **一语珠玑** 我们永远都无法知道，当我们改变之后是否会变得更好。但是我们肯定知道，我们要想改善就必须进行改变。
>
> ——约瑟夫·施密特

法则27

瓢虫趋暖
——放权小项目，调动企业灵活性

秋末冬初，很多向阳的窗玻璃上，都会趴着很多小昆虫，尤其是"衣着华丽"的小瓢虫，更是会成堆挤在玻璃的一角。如果有人打开窗户，这些小瓢虫就会一拥而入，飞进温暖的室内。这个趋暖的本能，也显示出瓢虫为了生存所具有的灵活性来。经济寒冬中，整个市场也并非一片冰冷，寒冷中也会有温暖的地方。因为经济危机中，人们也需要继续生活，继续生产，继续工作，这就需要继续消耗生活用品、生产资料和各种必需的服务。企业这时就应该像瓢虫一样，采取灵活的策略，着眼那些为人们生产生活所必需的小项目，以此作为企业寒冬中生存资源的来源补充，这也是一个御寒的好办法。

这个时期，企业可以制订一个灵活的战略计划，用短期的市场补充策略，代替以往长期不变的发展战略。比如可以用生产生活必需的小产品，机动灵活地对市场需求做出快速迅捷的反应，填充市场的需求空白，为企业赢得生存所必需的利润。

小项目大文章。由于小项目投资少，技术含量要求低，企业操作简便，投放市场迅速，因此可以成为企业困难时期很好的补充。具体选择哪些小项目，企业可以根据自身优势和特点，针对市场需求，进行全盘考虑。一般情况下，关乎人们衣、食、住、行和生产需要的原材料加工项目，往往会成为企业的首选，这些项目虽然利润率相对较低，但风险性小，市场需求量大，进退灵活，不会把企业拖入进退两难的尴尬境地。

同时，由于经济危机的冲击，市场进入不确定性时代，消费需求不断变化，品牌的关注度与忠诚度大幅度缩水，众多的跟进者与竞争对手，从多角度多方位对仅存的市场进行瓜分和蚕食，这迫使企业必须随时根据形势的变化，制定出相对的策略。

【案例分析】

比起松下、东芝、日立等众多日本品牌，人们往往更加熟悉和喜欢SONY的迷你型电子产品。许许多多的SONY产品，如电视、随身听、游戏机、笔记型电脑等等，伴随着大多数年轻人的成长之路。在年轻人心目中，SONY就是时尚、潮流、技术、创新的化身。凭借着似乎永不止息的创新步伐，到了20世纪末期，SONY在整个世界范围内的电子产品行业，获得了举足轻重的地位，牢牢占据着世界财富500强前30名的位置。

但到了21世纪初，好像这一切都正发生着悄然的改变。随着全球市场环境的急剧变化，竞争对手的迅速崛起，消费者对品牌忠诚度的不断下降，一个不确定的消费时代已然来临。但SONY依旧沉湎于旧日行业龙头老大地位的荣光里不能自拔，错过了数码化迅速崛起的大好机遇，市场反应缓慢，决策迟钝，任凭产品利润不断下滑却无力制止。尤其是SONY属下的各部门，独自为战，各不相让，如同一盘散沙，成了完全没有战斗凝聚力的散兵游勇。近年来，SONY除了仍然保持在游戏市场的领导地位外，其他各方面都被竞争对手大大超越，几乎再也看不到SONY在市场上那种拥有独特创造力的随身听式的划时代意义的产品了。与众多的一流企业相比，SONY的盈利水平已经沦落到平庸的地步。

好在SONY的高层终于意识到了公司所处的危险境地，意识到企业已经走到了没落的悬崖边上，如不及时采取措施，将可能在激烈的竞争中被毫不留情地淘汰出局。痛定思痛，时任SONY首席执行官的出井伸之以及SONY董事会为了挽救SONY大厦将倾的命运，毅然推出了一个庞大的再造SONY计划，以灵活的管理战略面对新的竞争，抵御不确定时代所带来的巨大威胁。首先，启动了复杂的成本紧缩计划，宣布裁员2万人，特别是裁减日本国内制造业的人员，停止日本国内的显像管生产业务，改革零件、原材料的采购供应制度，大力削减生产和管理成本。其次，进行了战略业务调整，将企业资源、管理精力，集中于电子和娱乐两个核心业务上，集中优势资源主攻电视、游戏机等家电产品和随身听、数码相机、PC、手机等移动终端产品，并花大力气对集团内的半导体业务进行合并，实现了调度灵活的一体化经营战略。

SONY之所以会陷入困境，很大原因是战略层面上的欠缺造成的。僵化的战略规划，以及惯性地沉醉于对以往成功技术的执着，对数码时代产品的小型化、灵活性视而不见，由此导致在急速变化的市场面前，无法做出快速反应。再造SONY计划，核心就是灵活的战略管理，随时根据产品市场的变化，用机动灵活的小项目应对消费者不断涌现的新需求，以更高的效率、更灵活的战略，迎接市场上一切可能的挑战和机遇。

【怎么办】

放权小项目，追求灵活的战略目标管理，正是企业长期生存和发展的需要。企业必须懂得如何在瞬息万变的信息化时代，以最迅捷的反应和最合适的方式随时调整战略方向，进而使自己始终能找到最佳的盈利模式和利润增长点，保持企业长盛不衰的生命活力。

一语珠玑 一个人既有成算，若不迅速进行，必至后悔莫及。

——但丁

向强者看齐

Bozeman Watch公司：401K计划的坚定执行者

Christopher Wardle是一位美国蒙大拿州人，他热衷于钟表收藏事业。1994年，这位收藏家积极筹划着准备成立自己的钟表公司，生产自己喜欢的钟表。然而，事情并不简单，他经过10年努力，直到2005年12月7日，一家取名为Bozeman Watch的公司才诞生。

令人想不到的是，Christopher Wardle还是位天才企业家，在他经营下，公司效益很好。尤其是2008年经济危机爆发，在多家企业纷纷倒闭停产、裁员减薪时，Bozeman Watch公司却保持了33％的增长率！

Bozeman Watch公司是如何在逆境中取得如此大的成就的？这引起很多人的好奇。听听Christopher Wardle是怎么说的吧："花更多时间、金钱去分析市场，了解顾客到底需要什么，会给你更多机会。不要总是考虑赚多少钱，人才、研发，或者基础建设等，是更需要投资的地方。尤其在经济萧条时，与合作伙伴搞好关系，帮助他们，这种投资的回报率会非常高。"

Christopher Wardle说，企业在经济危机中要做到的三点：密切顾客关系，做好管理投资，支持合作伙伴。这种看似与盈利关系不大的做法，实际上是稳固企业、渡过危机的良策。看看Bozeman Watch公司大规模推行的401K计划，大家就能更深切地体会其中的深意。

401K计划，也称为401K条款，是美国1978年《国内税收法》第401条K项规定的简称。这项条款的内容是，由企业和员工共同出资建立一项特殊的养老金账户制度，保障员工退休后的生活来源。规定中的企业是私人营利性公司。

Bozeman Watch公司作为私人营利性公司，在经济风暴下，不但没有裁员减薪，反而极力推广401K计划，增加两倍员工，并给他们最好的待遇和福利。John Tarver Bailey原来是公司的一名业务员，后提升为管理人员，并且成为股东之一，他对公司采取的这种行动分析说："公司关心员工，员工才会关心公司。"他的话道出了人之常情，道出了公司文化的核心之处。

与401K计划类似的是，Bozeman Watch公司不管在什么情况下，都非常尊重自己的客户。他们一直追求高品质产品，认为这是为客户服务的基础，另外他们总是根据客户需求，不断改善运作模式，力图研发出最精致的产品。

面对持续增长的势头与周围寒冷的经济气氛，Christopher Wardle对其他企业家提出了自己的建议，他认为，一名企业家需要做到：第一，一日一反思，每天都将白天做的事重新思考，你会发现很多意想不到的东西。第二，让企业运转灵活，使公司的愿望与员工的行动紧密结合，提高工作效率。第三，面对困难，不能害怕，因为害怕也没用。第四，员工是公司理想的实践者，鼓励和奖赏他们，就是鼓励公司发展。第五，目标明确，坚持不懈。

第六章

学最懒的动物，
适时冬眠

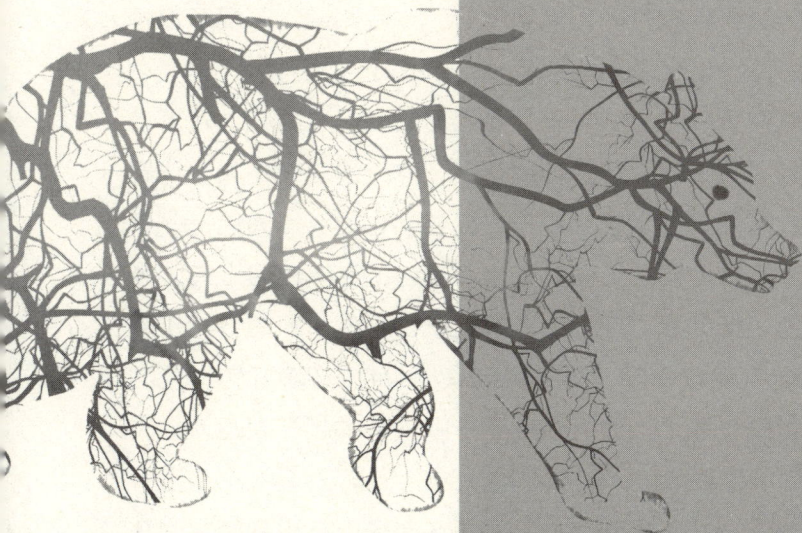

法则28

入蛰选好时机

——节约成本，逆境守和

【趣闻快读】

蝎子想过河，看到河边蹲着一只青蛙，就请求青蛙背它过去。"那可不行，万一你趴在我的背上蛰我一下，会要了我的命。不行，绝对不行！"青蛙斩钉截铁地说。蝎子平时比较讲究逻辑，就说："不可能，什么逻辑嘛！如果我蛰你，你死了，我也就被淹死了。"青蛙听了，觉得有道理，于是同意背蝎子过河。当青蛙背着蝎子游到河中央的时候，突然感到一阵钻心的疼痛，它一下子明白了，蝎子到底还是蛰了它，于是愤怒地吼道："逻辑呢？你的逻辑呢？"它试图甩掉蝎子，可惜为时已晚，它和蝎子一起沉向水底。"这根本不符合逻辑……"青蛙有气无力地嘟哝着。"我知道，"蝎子辩解说，"可是我实在忍不住，你知道，这是我不可抗拒的天性。"

危机中的企业就像趴在青蛙背上的蝎子，是用尽最后一点力气，对萧索的市场痛下杀手，与市场同归于尽？还是养精蓄锐，熬过漫漫的冬天，待到万物复苏再图东山再起？当然不能学这只蝎子，而要学它的另一天性——冬眠。蝎子是变温动物，它的活动要受到温度变化的制约，每年11月上旬，当温度降低到一定程度，为了抵御恶劣环境的影响，就会采取休眠的方式来躲避，不吃不喝不动，就像人睡着一般，一直等到来年4月，环境好转，才苏醒过来，爬出洞外开始新的生活。当然，企业的冬眠不是关起门来睡大觉，而是收缩阵线，节约成本，积蓄能量，伺机而动。

经济危机中，企业的利润几乎降到冰点，要想在市场上挤出利润空间几

102

乎不大可能，唯一的途径就是内部挖潜，降低成本，从生产、经营、管理三方面下手，降低综合成本，减少内耗，保存体力。

如何降低成本，有很多途径，一般来说，主要通过两个方面：一是实行全员成本管理，二是进行全过程成本控制。

有名的"小气鬼"洛克菲勒，常常为降低生产成本苦思冥想，绞尽脑汁。有一次，他看到封装一个油罐需要点40滴电焊，觉得有点浪费，就突发奇想，让焊工试验，看看最少需要多少滴电焊才能保证油罐不漏油。经过试验，使用39滴就可以达到原来的效果，于是他下令，封装油罐只能用39滴电焊，并作为一项考核指标列入公司规定。成立托拉斯后，洛克菲勒如鱼得水，利用垄断经营，进一步降低产品成本，迫使铁路公司降低自己石油产品的运费，提高竞争对手的运费。托拉斯制度下的垄断经营，使标准石油赚取了超额的利润，洛克菲勒也是一夜暴富，在他40岁的时候，已经是拥有10亿美元财富的世界超级富翁了。

洛克菲勒实行的就是现在流行的成本否决制。要树立成本的核心地位，强化成本控制，重要的措施就是严格的成本考核。员工在生产经营过程中，为了提高效率，往往忽略成本的消耗。为此，企业在对员工和各部门进行考核时，应该把成本作为考核的主要指标来抓，实行一票否决，成本指标完成不好，其他指标完成再好，也不会获得全额奖励，迫使员工和下属部门，把成本管理作为一项重点工作来抓。

效率低下也是企业生产经营成本过高的重要原因。提高劳动生产率，是降低成本的重要途径。两个和尚抬一桶水和一个和尚挑两桶水，其效率根本没法比，成本差异也立即显示了出来。两个和尚抬水，一桶水要付出两个人的工资，一个和尚挑两桶水，一桶水只需支付半个人的工资。同时，两个和尚抬水创造的效益只有一个和尚挑两桶水的四分之一，而两者产生的利润之高下，也不是一倍两倍的问题了。提高生产率，改两个和尚抬水为一个和尚挑两桶水，这里面包含了多方面问题。首先，要改进工艺，由抬而挑。其次，要增加新设备，由原来的一个笨重的大木桶改为两个轻便的白铁皮桶。

再次，进行员工培训，由简单地抬，学会熟练地挑，提高了员工的素质。最后，实现裁员，节省了用工。这些才是保证提高生产效率、降低生产成本的基本要素。

降低材料消耗和制造费用，对于降低成本来说是显而易见的事情。但并非所有企业都能做到这一点，尤其是连续不断地降低生产经营成本，就更是难上加难。很多企业的情况恰恰相反，随着企业的发展、市场的拓宽，生产和经营成本往往节节攀升。一旦经济危机到来，效益下降，而原来养成的成本习惯还没有改过来，造成亏损也就难免了。如何解决这一问题？可采用消耗定额制，即定额发料，材料数量差异分批核算；同时加强品质管理，减少废品损失、停工损失，促使其成本不断下降；压缩办公用品、易耗品开支，制定相对的费用比例，减少不必要的管理成本。

企业应控制改变影响成本的各种结构性因素，均衡生产作业和调节市场需求的波动，重构企业价值链，进而改变影响企业成本的重大因素，例如管理模式、采购模式、广告模式、销售模式、联营模式等等，整合各种资源，压缩开支，以此降低成本。例如美国西南航空公司，一改与大公司竞争的模式，例如采取在大公司忽略的中、小城市间穿梭，缩短停机再起飞时间，增加航班密度，不设头等舱、不指定座位、不供应速食，顾客可以在登机口自动售票机购票等等措施，大大降低了成本，为顾客提供了廉价实惠的服务，赢得了市场，效益因此而有大幅增长。

【怎么办】

危机时期，作为企业，就要克制住蛮干的冲动，内敛守和，苦练内功，像冬眠的蝎子一样，耐心等待春天的来临。

一语珠玑 在各项节约成本的措施中，以精减人员最为重要。

——王永庆

法则29

蝙蝠倒挂

——保证核心竞争力

　　蝙蝠是自然界中十分另类的哺乳动物，是大自然造就的神奇生命。它胸肌发达，胸骨具有龙骨突起，同时锁骨也很发达，还有又宽又大的翼膜，后腿又短又小，与翼膜紧紧连在一起，这些特殊的身体构造，造就了它特殊的行动方式和生存方式。蝙蝠飞行时把后腿向后平伸，起到船舵般的平衡作用。但当它落到地面时，却只能伏在地面上，身体和翼膜都贴着地面上，无法站立，也不能行走，更不能展开翼膜飞起来，只能扭动身子慢慢爬行。所以，蝙蝠选择了爬到高处，倒挂在物体或树枝上。这样的好处是，遇到危机或出行的时候，随时可以张翼滑翔。这也是蝙蝠冬眠或白天休息时要倒挂的原因。蝙蝠的另一独特本领是具有回声定位能力，它靠发出短促高频的声脉冲来辨别方向。这些声波遇到附近的物体便会快速反射回来，根据这些声波反射，蝙蝠就能准确地判断出障碍物的大小和位置，进而使自己能够灵活地穿行在各种物体之间，自由飞翔，捕捉食物，而不会被撞到。正因为蝙蝠具备了这些特殊的本领，所以蝙蝠成为自然界唯一能够真正飞翔的哺乳动物。

　　飞翔和回声定位，就是蝙蝠在自然界哺乳动物中立于不败之地的核心竞争力。一个企业，要想生存，要想获得长足发展，没有自己的核心竞争力，那什么也办不到。什么是企业的核心竞争力？这一概念，是由美国著名管理学者普拉哈德和哈默尔于1990年提出的，他们指出，随着世界经济的发展变化，竞争越来越激烈，产品生命周期急速缩短，全球经济一体化逐渐形成，企业很难再透过短暂的或偶然的产品开发或灵机一动的市场战略获得成功，必须依赖企业的核心竞争力，发挥自己的独特优势，才能有所作为。企业核心竞争力的本质就是一种能使公司为客户带来特殊利益，进而为企业创造价值的独特独有的技能和技术。

危机来了，企业什么都能丢，唯有核心竞争力不能丢。核心竞争力就是企业的灵魂，是企业赖以生存的法宝。因为这种能力能够最大化地实现顾客的需求，例如，显著降低成本，提高产品品质，提高服务效率，增加产品功效，满足客户多种需求，进而给企业带来市场竞争优势，带来利润获取优势，确保企业的竞争力。例如迷你化产品是SONY公司的核心竞争力，容易携带是它带给客户的核心价值；高水准的后勤管理是联邦快递的核心竞争力，即时运送是它带给客户的核心利益。同时，企业核心竞争力是企业的特质，是其他竞争对手难以模仿和复制的。它不像原材料和机器设备，能从市场上购买到，也不能像情报那样能够窃取和照搬。它不能转移，难以复制，只能靠学习和借鉴。正是它的这种难以模仿、不可复制的能力，为企业带来了超额的利润，成为企业赖以存活的根本。

【趣闻快读】

话说两个和尚，分别住在隔河相望的两座山上的庙里，每天同一时间，两人都会下山打水，久而久之，便成了无话不谈的好朋友。日复一日，年复一年，不知不觉，五年光阴就这样在打水闲聊中过去了。有一天，一个和尚打水时突然感觉少了点什么，原来发现另一个和尚没有下山挑水，他以为可能是睡觉睡过了头，或者有别的事情，所以也没在意。第二天，那个和尚仍然没有来打水，一连几天，都没有见到那个和尚的踪影。这个打水的和尚就感觉纳闷和奇怪，心想：是不是病了？或者发生了什么意外？我应该去看看他，看看能不能帮上什么忙。于是，这个和尚就渡过河去，来到对面山上的庙里看望那个和尚。当他看到另一个和尚时，大吃一惊，原来那个和尚正在打太极拳，红光满面，一点也没有因为缺水喝而口渴难耐的样子。他惊奇地问："好几天没见你下山打水了，难道你不渴，不需要喝水吗？"另一个和尚就把他带到寺庙后院的一口井前，对他说："这五年来，每天我都会抽空来挖这口井，即使功课再忙，事情再多，我都会挤出时间来挖，有空多挖，没空少挖，能挖多少算多少，你看，我终于成功地挖出了水，从此再也不用下山打水了，还能省下更多的空闲时间来练习我喜欢的太极拳了。这样既省时又省力，喝水还变得方便了。"说着，他把自己种的蔬菜和花草指给那个来看他的和尚看。

一样下山打水吃的两个和尚，为什么结局会如此不同呢？这就是有无核心竞争力带来的区别。一个和尚没有自己的井，就等于没有自己的核心竞争力，一旦年纪大了，或者河里的水干枯了，没有水吃就会成为必然。企业也一样，市场如果是水，井就是自己的核心竞争力。拥有自己的井，就拥有源源不断的井水，就不用辛辛苦苦去河里打水，而且当河里的水干涸时，也不至于没水喝。所以，企业一创立，就应该定下目标，下决心挖自己的"井"，着手培养自己的核心竞争力，日积月累，逐渐形成自己的优势。这样的企业就能时时刻刻充满生命力，尤其当经济危机到来时，大河虽干，自己后院的井水也足够活命了。

企业的核心竞争力，不是单一的、孤立的，它是动态的、发展的，具有多方向的延展性，能够满足企业多个方面的发展和不同的任务需求。它能在企业的各个领域发挥作用，能够较大范围满足顾客的多种需求和企业发展的需要。例如本田公司的核心竞争力是引擎设计和制造，但它同时撑起了汽车、摩托车、方程式赛车等多个产品的天空。

当然，企业的核心竞争力，不单表现在技术上，还包括生产经营、企业管理、市场营销、人才培训、财务管理等多个方面。

【怎么办】

核心竞争力的培养，不是一朝一夕的事情，企业必须有长远目标，并为实现这一目标进行不懈的努力。同时，随时发现问题，随时改正，并不断强化优势，使强的更强，这样才能培育出企业突出的特点。企业也会因此而茁壮成长。

一语珠玑 可持续竞争的唯一优势来自于超过竞争对手的创新能力。

——詹姆斯·莫尔斯

法则30

冰蛇过冬

——挖掘产品新用途

大千世界，无奇不有，无论生物呈现出什么形态，有怎样的生存方式，都是适应大自然的结果。爱尔兰有一种蛇，它的冬眠方式奇特而有趣，每当冬天到来，河水结冰的时候，它都会游到水中，让严寒的气候把自己冻成坚硬的"冰棍"。当地的居民早已发现这一奇特的现象，每年冬天，都会把这些蛇冻成的"冰棍"拾回家，挂在门上，做成别致的门帘，等到春风吹来，万物复苏，这些"门帘"就会一声不响地悄悄溜掉。

估计蛇自己也没有想到，自己还会有这么一个有趣的用途。作为一个企业，就应该像爱尔兰人一样，随时发现自己产品的新价值、新用途，创新升级，使产品始终处于市场领先及有利的地位。

【趣闻快读】

美国辉瑞制药公司曾经研发一种新药西地那非，最早它是作为一种用于治疗心血管疾病的药物5-磷酸二酯酶的抑制剂而进入临床研究使用的。研究者希望西地那非能够透过释放生物活性物质一氧化氮，来舒张心血管平滑肌，扩张心血管，进而达到缓解心血管疾病的目的。但临床研究结果显示，西地那非对心血管作用并不明显，没有达到研究人员的预期目的。作为一个治疗心血管疾病而研发的药物，西地那非的表现非常令人失望，无法被开发成一个成熟的治疗药物。因此，辉瑞制药公司不得不宣布，西地那非的临床研究彻底失败。正当研究人员感到沮丧的时候，受试者报告的一项副作用引起了他们的注意。原来，受试者领过试药之后，都不愿把余下的药物交上来，追查之下得知，多数受试者反映，这种药物对改善自身性生活的作用非常明显。这个发现令研究人员喜出望外，他们在得到辉瑞高层许可后，展开了就西地那非对阴茎海绵体平滑肌作用的研究。1998年3月27日，西地那非的上市许可，获得了美国联邦食品和药品管理局的批准，从此，西地那非作为治疗男性性功能障碍药物，正式走向市场，并迅速取得了市场的认可，这就是我们信赖的"伟哥"，这一药物的上市使辉瑞公司名噪一时，并为辉瑞带来了巨大的经济效益。表面上看属于歪打正着，其实这还是辉瑞公司的付出，只不过通过另一种方式得到回报罢了。

对于企业，我们常说革新挖潜，其实并不是为老产品找到新用途，而是通过创新改造，使老产品具有新的功能，发挥新的作用，创造新的效益。这本质上是一个企业核心竞争力的延伸问题。世界经济已经进入多元化时代，企业的多元化改革早已成为一种不可阻挡的潮流，重新挖掘企业的核心业务潜力，其实就是多元化改革的重要途径。企业核心业务的潜在价值，就是企业的隐形资产。成功的企业必须清醒地认识自己，充分地了解自己，认清自己核心业务的潜在价值；认识到企业的核心业务能够延伸多远，覆盖多大的面积。经济危机的到来，正是企业认清自己的隐形资产的最好机会，因为经济危机中，很多产品的潜在价值就会凸现出来。一些榨干使用价值的产品，就会最先被淘汰，而那些潜在价值大、升值空间大的产品，往往最有活力，生命力也最久。检验一个企业的活力，其实就是看它核心业务的增长空间。市场环境日新月异，对产品的要求越来越高，产品的升级换代就成为企业发展的最大法宝。企业处于经济危机中，除了收缩战线、节约开支，挖掘自身产品的潜在价值，是最为主动有效的防御手段，这时切忌放弃挖掘自己的产品价值，而跳槽到另一个自己不熟悉的行业中去经营新产品业务。如果仅仅为了消耗自己手里的财富，跟风冒进，随风而动，为扩大规模而扩大行业覆盖范围，那么不管投资多少新领域，开发多少新产品，对于企业来说，结果都会是悲剧性的。所以，企业进行多元化改革，首先要找到多元化目标，自我分析企业的优势资源，并找到自己的隐形资产，以隐形资产作为新产业的内在基础，使核心业务得以长足延伸和大面积覆盖。

企业的核心竞争力，体现在核心业务上。核心业务就像一枚种子，只要及时浇水施肥，它就会破土发芽、逐渐长大，并且会分出众多的枝干，长出更多的绿叶，结出更多的果实。所以，对于危机中的企业来说，多元化不是另辟蹊径，另开战线，而是培育好自己的种子，让它长出更多的枝干，等到秋天来时，自然硕果累累。

【怎么办】

危机虽然可怕，但不能被吓倒。危机既然来了，如何应对才是企业最应该考虑的。趁万物萧索的时节，磨快自己的镰刀镐头，搓好自己的麻绳索套，打造好自己的核心业务，时刻准备着，等市场春天的到来时就能及时开荒播种。

一语珠玑 想要具备突破力，必须在专精的领域深入扎根才行。

——山本卓真

法则31

乌龟冬眠
——透过抑制活动控制成本

长期的进化，已经使乌龟体内血液中，存在一种诱发冬眠的物质——冬眠激素。当环境改变，气候变冷，食物短缺，乌龟体内的冬眠激素就会发挥作用，促使乌龟寻找冬眠之地，进入冬眠状态。随着气温的逐渐回升，乌龟体内的冬眠激素就会逐渐减少，乌龟就会从冬眠中苏醒过来，进入生存常态。

对于企业来说，在经济危机中冬眠，主要目的还是为了节约成本，保存实力。在本章前面部分，我们重点谈了节约生产经营成本的方式，以及让全体员工认识到节约成本的意义，并强调要将这一原则贯穿到企业整个生产经营全过程中去。这一部分，我们再从企业结构层次上谈谈如何节约成本。其中重点谈谈决策成本。一提到节约成本，人们往往只会想到节约生产经营过程中的原材料以及各种经营消耗成本，很少有人会想到要节约决策成本，认为决策是企业管理阶层的事情，似乎没啥成本可言。其实，企业最大的成本就是决策成本，决策决定了企业的走向和行为，并注定了企业会有什么样的收获——栽什么树苗结什么果，这是自然法则，也是经济法则。决策成本主要取决于以董事会为核心的战略成本控制阶层，它是金字塔的最高端，是企业的大脑所在。其实，决策所耗的成本就是企业投资的总和，能不能获取利润，就看决策的正确与否。投资就是柄双刃剑，虽然能够制敌于死地，但不小心也会伤到自己。谁是成本的决定者，谁就应该对其决定的成本负责，并加以控制。这样看来企业的各项成本，就是由其管理许可权决定的。董事会是投资管理者，成本许可权最大，所以董事会是企业成本的第一责任者。战略决策成本的控制，主要看董事会对决策的把握尺度。作为决策机构，董事会决定了企业的投资方向、投资规模、投资地点、投资时间等，而且一旦投资形成，其实也就划定了企业成本的总体范围。所以决策的正确与否，就决定了企业的命运。

【趣闻快读】

中国西南边陲，有个地方的猎人，捕捉猴子的办法非常简单，一个普通的木箱，加上一颗桃子。首先他们制作一个笨重的木箱，以猴子拖不动为标准。然后在木箱上开一个小洞，小洞的大小，以猴子刚能伸进手为准。事先猎人在木箱里放上一些鲜嫩可口的桃子，然后把木箱放到猴子经常出没的地方，自己便远远地躲起来看着。这时如果有猴子出现，它们一定会去观察木箱，发现里面有桃子，就会有猴子伸进手去拿，哪只猴子拿起了桃子，哪只猴子便被捉无疑。道理很简单，猴子伸进手抓住桃子后，由于洞口小，正好卡住，无论如何使劲都没用。令人不解的是，这些猴子即使看到猎人大摇大摆地走来，也不会想到放下手里的桃子，就可以脱身而去，只能眼睁睁地看着自己被猎人抓走。这就是聪明的猴子做出的傻事。

在这场人与猴的较量中，猎人是决策者，猴子也是决策者。因为猎人发现了市场的规律，就是猴子的习性，由此便找到了自己的核心竞争力——捕猴技术，所以轻松就占领了市场，获得了丰厚的回报——捉到了猴子。虽然成本不大，但利润可观，这就是正确决策带来的成本节约和收益。而猴子由于没有认清市场风险，只看到了桃子的诱人，却没有想到箱子的制约和瓶颈，并且在危机到来时，贪婪成性，不舍得放弃眼前的利益，没有高瞻远瞩的眼光和魄力，以致自己被捉。

很多企业之所以被经济危机的寒风吹垮，重要原因就出在决策上：没有看清全局，没有看清市场发展的规律，没有看到市场风云变幻的各种因素；跟风冒进，盲目扩张；朝三暮四，频繁跳槽；胡乱决策，使正确的投资缺乏正确的管理和营运。凡此种种，都会付出高昂的成本代价，把企业拖入万劫不复的深渊。

那么经济危机中，作为企业、管理者或所有人的决策层，应该如何控制和节约决策成本，保存自己的实力呢？最好的办法就是缓决策或者少决策。除了维护企业核心业务所需要的各种决策外，一般不做新产品的投资决策，不做进入新行业的决策，不做盲目扩大生产规模的决策，不做产品营销宣传推广决策，不做招募员工决策，不做社会性活动决策。以董事会为核心的决策层不做决策，那么整个企业就会顺利进入冬眠状态，保存自己的实力。"故常无欲以观其妙，常有欲以观其徼"，因为决策层的决策很多处于"故常无欲以观其妙"的阶段，一旦形成决策，由微到显，从无名到有名，就已经划定了成本范围。就像猴子一旦做出决定，它伸进箱子里的手，就只在于如何摸到桃子，如何抓牢桃子，至于是否会被猎人捉到，则完全没有考虑过。就像一块上好的木料，是劈柴烧火、是垫桌腿、是打造家具，还是精雕细刻做成工艺屏风，一旦做出决策，其增值水准就已定形，无论木匠的手艺再巧，巧夺天工，也不会把劈柴的价值等同于一件家具的价值。如果劈柴，就是决策成本的极大浪费，如果做成工艺屏风，就是决策成本的节约。

【怎么办】

企业董事会为核心的决策层，是企业战略成本的制高点，在这一层面上控制成本，将决定企业的生死存亡。决策者要仔细分析企业所拥有的资源优势，摸清企业将进入的产业链的各种形势和状况，全方位地寻找合适的投资方向和投资地点，不盲目、不跟风、不急躁，看清，看准，然后再下手不迟。

> **一语珠玑** 将合适的人请上车，不合适的人请下车。
> ——詹姆斯·柯林斯

法则32

母熊产崽

——孕育新产品

　　熊科中最大的动物是北极熊。雌熊和公熊在度过短暂的蜜月后，便各奔东西。严冬到来后，母熊就会选择一个避风的雪洞，产下自己的幼崽，开始哺育新的生命。刚出生的小熊，只有约30厘米长，眼睛睁不开，耳朵听不见。它要在巢穴中被哺乳4个月，然后才走出洞穴跟随母熊学习捕猎，两年后方可独立捕猎生活，三到五年才能完全成熟，成为北极不可一世的霸王。

　　如果你的企业还没有核心业务，或者核心业务还无法形成核心竞争力，经济危机中，你的企业产品或服务几乎被一夜击垮，那么，是该束手就擒，还是韬光养晦，以图东山再起呢？向北极熊学习吧！在严寒中孕育下一代，新的产品就是新的种子、新的希望，只要选好了种子，春天时就能播种，秋天时就可有所收获。

　　产业市场和消费者需求在迅速变化，经济危机的蝴蝶效应波及全球大大小小的企业，没有谁能完好无损，没有谁能独善其身。市场的格局正在酝酿变化，市场的秩序正在重新建立，对任何企业来说，既是挑战也是机遇，把握了时机就能重塑自身形象、提升品牌价值。那么，企业靠什么在新的秩序中建立自己的地位呢？只有核心竞争力。孕育新产品，开发新产品，培育起自己的核心竞争力，是经济危机中困窘企业的希望所在。

　　开发新产品，讲究很多，有很多方法可资借鉴。如果你是一个小企业，就要发挥自己技术比较简单，开发周期短，产品更新换代快的优势，紧随市场步伐，频繁迭代出新，用产品的不断延伸维持自己的市场。作为中小企业，还可以采用依附大企业的策略，产品开发追随大企业，靠向大企业，成为大企业产品的直接或间接的零件供应商，或者成为大企业产品功能的补充和延伸，正所谓"大树底下好乘凉"！另外，由于小企业受技术力量薄弱、人才匮乏、资金不足、管理水准低下等因素限制，在人才技术上、原料采购供应、人才劳务方面，也可以依附大企业，比如，可采用联合、求购、让股等方式，让大企业提供一定的技术人才支援、资金支援，解决关键技术，开发适合于大企业或市场的新产品。

开发新产品，有时目光要盯紧市场的空白。市场需求具有多层次和前瞻性，因此，企业提供的产品和服务与市场需求始终存在一定的差距，这个差距促使企业朝正待开发、尚未生产的产品领域不断前进，试图抢先来弥补这个差距，获得市场先机，这就是企业不停开发新产品的动力所在。

开发新产品，要学会"组装"。即利用市场成熟的各种材料、器件以及技术手段，重新组装具有新的功能和用途的新产品，满足市场新需求。这种策略，具有风险小、投资小、见效快、成功率高的特点，非常适合经济危机中陷入产品困境，又无人力物力开发高技术含量的创新产品的企业。

讲究多功能有机开发。主要是致力于为老产品增加新功能，也就是"旧瓶装新酒"。即以老产品为基础，结合新的技术手段，把新技术有机糅合进老产品中，扩大老产品的技术功能，把不同的技术有机地结合在一起，进而赋予老产品新的功能，从而脱胎换骨，成为企业新的产品。

产品的延展性，即企业在开发新产品时，对核心产品进行横向和纵向的一系列开发，派生出由低到高、不同档次、不同规格、不同款式、不同价格的一系列产品，以此增加产品的填空能力，全方位占领市场，满足市场不同层次的需求。

开发新产品并不是一件容易的事情。如果你有了产品，要想把它培育成核心业务，那就要像母亲哺育孩子一样，精心呵护。

首先，要学会为产品"讲故事"，只有你的产品故事真实可信，才能从一出生起就赢得消费者的信任。这非常重要，就像一个孩子，一呱呱落地大家都非常清楚他的父母是谁，是男是女，出生在哪里，将会在怎样的环境下长大成人。作为产品，也是一样，一推出时就要有明确的定位，要让消费者清楚地了解它的功能、用途等基本信息。

其次，要搞清楚产品的消费对象。不同的消费对象有不同的需求，由于生活习惯、文化差异，他们想要了解的产品资讯也不同，所以要学会对不同的消费对象讲不同的产品故事。有的消费对象，重点要放在讲述产品的性能和使用价值上，而有些消费对象则可能要把重点放在产品的安全可靠性上。

【案例分析】

在美国，有一个备受市场追捧的家具品牌Maria Yee，是由一位女性美籍华人创办的。这位女性老板，对美国人的消费习惯非常了解，她的家具在美国，都是经由一些大的零售商销售的，但其实她的家具都是在中国生产的，她有两家工厂，分别建在了广州和湖南。在中国人眼里，Maria Yee家具不过是非常简单的竹藤制品，并没有什么稀奇之处。虽然她的椅子很好看、很漂亮，坐上去也很舒服，但那是世界上最好看的椅子吗？当然不能肯定。是人们能买到的最舒服的椅子吗？答案可能也是否定的。但美国人为什么喜欢呢？原因很简单，就是因为产品的个性。首先，符合环保要求，一律采用绿色原料，从木料、竹料、藤料到油漆胶水，非绿色产品不用。其次，来源可靠，拥有多项认证，包括认证竹子和藤条的来源等等。最后，家具的组装生产方式也是传统的中国细木工组装方式，没有钉子、螺丝之类的现代组装材料。所以，Maria Yee是世界上最绿色的家具制造商之一，对美国消费者有巨大吸引力一点也不令人感到意外。

开发新产品，如何使自己产品具有个性，是一项系统工程，从思路、设计、制造，到销售和服务，都应该始终贯彻统一的个性理念，每一道程序都要为突出产品的个性。

【怎么办】

新产品从诞生之日起，就要有别于其他产品，身份明晰，功能突出，不仅适用，而且可靠，这样才会赢得人们的信任，受到人们的青睐。

一语珠玑 尚未成熟才有成长的空间，一旦成熟，接下来只会走向衰退。

——雷·卡洛克

向强者看齐

IT冬眠论

在经济危机面前，摆在每一位决策者面前的难题就是如何寻求御寒良策。根据生物界众多动物冬眠的启示，有不少决策者提出了"IT冬眠论"，具体做法就是减少各项费用和开支，全面压缩经营管理成本，降低决策成本，就像一只藏入洞穴中冬眠的动物，蛰伏起来，任外界北风呼啸，天寒地冻，滴水成冰，都能凭借自身最少的消耗，平安顺利地熬过寒冬，等待春暖花开、万物复苏的美好季节到来时，再重新开始生活。

在大自然中，经过漫长的物竞天择、适者生存的进化，动物过冬早已经不是什么难题。弱小的昆虫就不用说了，蛇、乌龟、蝙蝠等变温动物，都会选择冬眠的方式越冬，就连体形硕大、孔武有力的灰熊，过冬的办法也非常简单，就是沉沉入睡。每当冬季来临前，灰熊就会清醒地感知到季节的变化，知道觅食会越来越困难，如果心存幻想，四处奔波，可能就会入不敷出。既然无食可进，就必须选择活动最少、消耗最低的方式，而唯一能达到这种效果的方式就是睡觉。为此灰熊会选择一个安全避风的洞穴，安心地睡上一大觉，一直睡到来年春暖花开。睡觉的时候，灰熊的体内会发生一系列变化，心脏的跳动更为缓慢，肺部呼吸减弱，消化系统和排泄系统功能减缓或停止，这一系列措施，都是为了保证以最少的消耗来度过漫长的冬天。

IT企业过冬，不妨借鉴灰熊过冬的方式，首先对经济环境和企业自身情况有个清醒的认识，判断清楚本行业经济短期内复苏的机会有多少，如果很渺茫，就要做长期打算，做好长期冬眠的准备。当然，冬眠只是一个比喻，对于IT企业和决策者来说，不是真的什么都不做去睡大觉，而是说要降低或削减一切与企业生存无关的项目、活动，裁减多余人员，收缩投资，只保留那些核心项目、骨干人员，维护好剩余核心市场，修炼内功，静心等待，当春天来临以后，再大展拳脚不迟。

　　IT企业要冬眠，首先，要确保有限资金不做无谓支出，那些对企业生存没有直接影响的项目和活动，该停止就停止，该取消就取消；对于人员，该放假的就放假，该裁撤的就裁撤。其次，对于核心项目的营运，采用最小的资源消耗方式，积极采取措施降低IT营运的固定成本，减少不必要的浪费，提高资源的使用效率。

　　具体的冬眠措施，结合动物冬眠的习性，不妨做如下考虑：制定明确的冬眠策略，明确过冬的目标，让员工知道为什么过冬、怎样过冬，期间要达到什么样的目标效果等等，同时，要让员工更好地协助管理者对整个冬眠计划进行量化，支持技术人员更好地完成预期的目标。可以准备一本IT企业过冬最低需求手册，列出企业寒冬中生存的最低项目需求、资金需求、人才需求和市场需求，依据资源、成本、技术、时限、收益等各种要素的构成情况，对IT所开展的项目、活动进行排序，根据先生存后发展的原则，优先安排那些直接关系企业生死存亡的项目和活动，这样，就能使员工和管理者对企业过冬的战略目标和具体措施一目了然，不管外界环境发生什么样变化，都能依据手册，及时采取相对的措施。

　　根据IT企业实际情况，决策者必须针对企业过冬所必需的项目进行重组。在严寒的经济冬季里，管理多个专案，进行多元化开发经营，对于IT企业和决策者来说，并非明智之举。而是应该：首先，克服项目感情和项目研发细节上的束缚，对那些无关企业生存的锦上添花项目大胆割舍，该放弃的就放弃，该丢掉的就丢掉。其次，收缩战线，集中优势兵力于真正能决定和影响企业生死存亡的项目上，"不求花满园，只为一花鲜"。再次，做到生存需求优先，生存需求项目优先，生存需求项目所需的资金技术优先，生存需求项目所需的人才优先。最后，在此优先的前提下，痛下决心，对项目和服务进行重组，去芜存菁，保留精华，为企业提供一个既强大又有效的管理办法，进而使企业能在经济危机中轻车简从，进退自如，更好地熬过漫长的冬季。

IT企业生存必需的各种活动也要简化。许多IT企业在压缩成本时，沿用传统的IT观念，动辄大规模压缩IT成本，而不是最大限度地挖潜和利用企业内部现有资源的潜力，以为这样就是节约成本的灵丹妙药，其实不然，这样做恰恰违背了IT业简约应用的建设精髓。根据灰熊冬眠的启示，对于那些生存必需的活动，例如呼吸、心跳、消化排泄等活动要尽量减少，这样就能为节约成本打下坚实基础。大家都知道，实现IT效率最大化的一个基本方法就是减少复杂性。冬眠中企业的经营管理也是一样，力求简单，再简单。

要停止一切与企业生存无关的活动，精简机构和人员。由于以前IT业在泡沫经济时期留下了大量隐患，大批边缘人员滞留在IT行业内，这些人除了增加企业费用和负担，也为IT行业带来了大量无关紧要的活动。应该运用市场原则，清理这些冗员，坚决停止一切与生存无关的各种活动，避免人浮于事的现象继续存在，实现企业和IT行业最为合理的瘦身，是整个IT行业和决策者们一项复杂而艰巨的任务。

对于IT业来说，经济危机的冬天，生存是第一需要，该减减肥、瘦瘦身，积蓄能量，蓄势待发。只有好好地在严冬中活下来，才能在春天再次绽放。

第七章

学有爱心的动物，
养育虫卵过冬

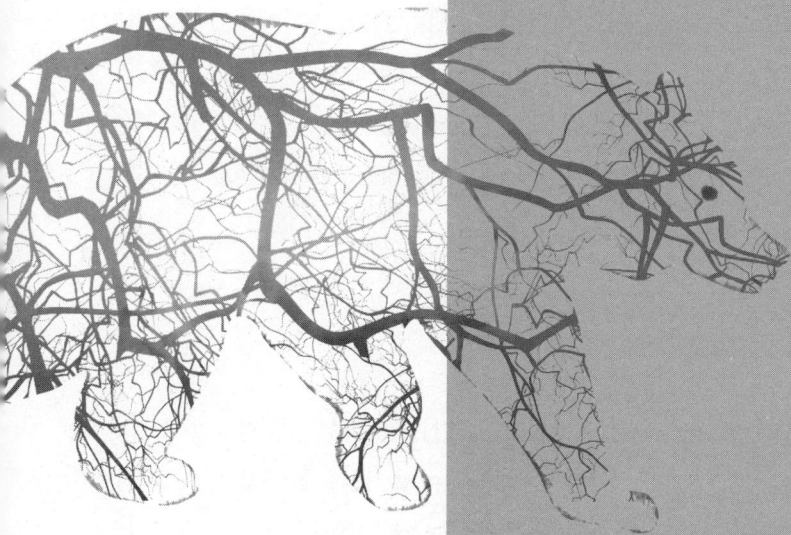

法则33

蓑蛾的口袋
——找棵大树好乘凉

　　很多中小企业由于资金匮乏，人力资源有限，没有品牌产品，没有核心业务，经济发展好的时候，还能从市场分一杯羹，跌跌撞撞地一路前行。经济危机一来，纸糊的一般，立刻被吹得东倒西歪，命悬一线。如何才能找到一个安全的庇护所，使自己安全过冬呢？一些动物的做法，给我们提供了很好的启示。如果你在野外，会经常看到树枝上有一根细线悬着一个像枯树枝或者鸟粪便一样的东西，那就是蓑蛾育儿的口袋——幼虫的避难所。蓑蛾蓑的幼虫，就像一个躲债的人害怕债主追来讨债一样，整天缩在坚硬的壳中，一动不动，不敢出来。偶尔需要出来觅食，也只露出头和脚，拖着大口袋慢慢爬行。那坚硬的外壳是非常好的保护所，既像干枯的树枝，又像鸟类的粪便，可以很好地躲避天敌的捕杀，又遮风挡雨，温暖舒适。中小企业要想生存，完全可以向蓑蛾学习，为自己营造一个安全的庇护所，慢慢等待羽翼丰满，再展翅高飞。初期阶段，不妨放下身段，与一些规模大、效益好的企业联营合作，把自己变成大企业肌体的一小部分，专心做好某一件产品或一项服务，例如来料加工、配件供应、货物配送等，在大企业的羽翼下，慢慢成长，积蓄能量，以待时机。

【趣闻快读】

　　说到小企业寻找避难所，就会让人想起三国时期大名鼎鼎的刘备。刘备与关羽和张飞桃园三结义，组成了"草台班子"，从此踏上创业打天下的征途，这就像很多初创的小企业一样，三五个人头，七八条破枪，就仓促上阵，只知道办企业赚钱，却不知道办企业怎么赚钱，一路东撞一头、西踏一脚，既无目的，也无章法，到处碰得灰头土脸。投靠曹操后，曹操一番煮酒论英雄，说出"天下英雄唯使君与操耳"这样傲视群雄的话，就把刘备吓坏了，只好趁月黑风高，连夜逃命。这时开始，刘备就像企业遇到了经济危机一样，陷入了人生的冬天。但他毕竟不是等闲之辈，深谙借鸡生蛋的道理，立刻去投靠了徐州的最高行政长官陶谦，不久就取而代之成了徐州牧，有了自己的第一块地盘。这只是他小试锋芒，创业掘到的第一桶金，后来他三顾茅庐找到了诸葛亮，在诸葛亮的创意策划下，以借的名义，占领了本家兄弟刘表的荆州，从此有了自己打天下的第一块跳板。接着结交了东吴的最高统治者孙权，搭上了赤壁之战的末班车，并借势扬名，一举壮大了自己的实力。当然他不会躺在这小小的功劳簿上沾沾自喜，而是借着自己声名鹊起、天下仰慕之机，以荆州为跳板，挥师西进，以联营并购的名义，很快夺得了自己另一个本家兄弟刘璋的巴蜀经营管理权，使自己的实力一下子扩张了上万倍，从此三分天下有其一，形成了三国鼎立的新局面、新格局。

经济危机爆发后，很多中小企业陷入了困境，产品大量积压滞销，同类产品竞争日趋白热化，要想建好自己产品的营销网络，真是难上加难。这时怎么办？还是要像动物学习，借网上网。很多大企业、成熟的企业都有成熟的销售渠道和营销网络，如果能攀上他们的产品，搭上他们的快车，进入他们的营销网络，不失为一条捷径。如何钻进大企业的营销网络，那就是八仙过海、各显其能了。例如有一个专门生产皮带的小企业，傍上某名牌裤业公司，让裤业公司在销售裤子时，将皮带作为配套商品，一并卖出，不另计价，自己只是从裤业公司领取该得的销售收入。这个做法，对中小企业就很适用。不妨针对自己的产品寻找合适的大企业，搭上他们的便车；或者找到大企业产品的空缺，查漏补缺，为其生产配套产品。

金融危机不可怕，怕的是中小企业在旧有产品营销渠道被摧毁后，不再积极寻找并搭建新的经营平台，而是抱残守缺，一意孤行，死死抱住传统营销平台和模式不放。在此种情况下，一有风吹草动，就会立刻溃不成军，一败涂地。

【怎么办】

中小企业在经济危机来临时，必须提早准备，及时调整市场战略，整合各种市场营销资源，选择搭建适合自己的产品营销平台，通过全新的、高效的市场营销渠道，把自己从经济危机的困境中解救出来，使企业走上健康的、良好的发展轨道。

一语珠玑 赢家是这样一批人，他们能够赢得和说服那些不再相信一切、不再立即购买、不再购买高价产品的客户。他们能在绝境中创造惊人奇迹。

——阿尔布莱西特·比法尔

法则34

天牛的隧道

——通向创新市场

天牛一般以幼虫或成虫形式，在树干内越冬。成虫要产卵时，有的将卵直接产入粗糙树皮或裂缝中；有的先在树干上咬出刻槽，然后将卵产在刻槽内。当卵孵化出幼虫后，初龄幼虫即钻入树干。最初幼虫只在树皮下取食，待龄期增大后，即钻入木质部为生。幼虫在树干内活动，蛀食隧道的形状和长短随树木种类而异。幼虫在树干上蛀食，在一定距离内向树皮上开口，作为通气孔，向外推出排泄物和木屑。幼虫老熟后即将隧道筑成较宽的蛹室，以纤维和木屑堵塞两端，并在其中化蛹。

创新市场是企业的一种市场开发拓展行为，具有非常明确的商业目的。创新市场的本质特征就是它的创造性，就像天牛幼虫在树干内蛀出的隧道一样，为的是拓展市场，开辟企业更大的生存空间。

【案例分析】

20世纪70年代初至80年代中期，美国遇到了长达十余年的经济衰退，通货膨胀如脱缰野马，几乎失控，尤其是节节攀升的房价，比其他任何商品上涨速度都快得多，住房抵押贷款利率也跟着直线上涨。此时恰逢美国战后婴儿潮中出生的孩子长大成人的时期，25岁左右的年轻人特别多，他们都到了成家购房的年龄。在这种情况下，很多美国的房屋建筑商们看到了商机，认为发展的机会到了。他们专门为这批年轻人设计建造了一种小型廉价住宅。因为是为第一次达到购房年龄的人准备的，所以叫"基本住宅"。与已成为标准住宅的房屋比起来，这种房子结构简单一些，面积小一些，价格也便宜一些，但具有良好的实用性。价格方面，初次购买住房的人也完全能够接受。然而这一看似符合市场要求的产品推向市场后，却遭到年轻人的冷遇，市场根本就没有什么反应。一片片严重滞销的房屋，无不说明这次住宅开发是一次严重的失败。很多建筑商不甘心失败，绞尽脑汁，采取各种办法，试图打动年轻消费者的心。为了挽回败局，他们纷纷采取低息赊销、延长还款期等一系列措施，但仍然于事无补。很多建筑开发商只好自认倒霉，收缩甚至退出了基本住宅市场。这时，有个不甘心失败的建筑商，对这种情况进行了深入的调查研究，试图弄清这一反常现象的症结所在。经过大量的走访，他终于发现，人们的购房观念早已发生了变化，特别是年轻夫妇购买第一所住宅的要求已经今非昔比。于是，这位经营规模很小的建筑商豁然开朗，终于找到了绝处逢生、走出困境的机会。原来，年轻人对待第一所住宅的态度，已经不像祖父辈那样，把它当成家庭的永久住所，而是等有了实力后通过转售第一套房子来购买第二套房子。他们购买第一套房子，其实不仅只是一种价值，而是购买了两种价值：第一为了结婚成家，暂时购买，临时住上一阵子；第二是购买了一种选择权，即购买了一种几年后购置他们真正永久住宅的选择权。而真正永久性的住宅，要求位于较好的地段，附近有较好的学校，房屋要宽敞舒适，结构完美。当然他们第二次购买的真正永久性住宅，房价昂贵，大多需要通过转售第一套房子来筹款。到此，那个建筑商终于明白了基本住宅销售不动的原因。由于基本住宅的特点限制，虽然暂时可以住，但将来能否以适当的价格转让出去就成了第一难题。如果不能顺利转售，它就剥夺了以后购买真正永久性住宅的选择权，不仅无法满足购房者的两种价值需要，反而成为实现这两种价值的负担和障碍。而当时大多数住宅建筑商只考虑到住房住的功能，只在住的功能设计和价格高低上下功夫，忽略了消费者的购买意图，不了解购房者的消费心理和真正需求，这就是基本住宅销售失败的症结所在。

找到了病症，这位建筑商对症下药，毅然进行了市场创新。他像天牛幼虫一样，开辟了一条新的市场通道。他认真听取购房者的意见和建议，大胆将一些条件位置不利的基本住宅改为向年轻人销售的第一套住宅，将位置条件比较好的基本住宅，认真改造升级成为永久性住宅。同时制定了新的销售策略，他向年轻的购房者保证，如果他们想转售房子，他会按一定价格帮助他们出售，其条件就是必须在五到七年的时间内，购买他公司的永久性住宅。实际上，前面已经介绍过，他公司的永久性住宅不过是原来基本住宅的升级版。

这一创新，采用了与众不同的营销策略，开辟了新的营销通道，问题果然就迎刃而解。这位小小的建筑商不仅售完了他的基本住宅，而且仅用短短五年时间，就将原来经营范围仅限于一个大城市的小公司，发展成一个业务拓展到七个大城市，而是在每个城市的销售规模都数一数二的大公司。大家不要忘了，那时正是美国建筑业大萧条时期，就算一些较大的建筑商，在一个季节里可能都卖不出去一套房子，而这个建筑商却能逆流而上，创造奇迹，只能说这是新的营销渠道、营销方式带来的巨大魔力。

【怎么办】

企业创新市场的能力是一种综合能力，体现了企业在产品研究与开发、生产组织与管理、市场营销与推广等方面的能力，它是企业内部组织自我调节能力的再现，也是企业对于外部环境变化的适应能力的检验。像天牛幼虫一样，只有不断拓展新的创新市场隧道，提高市场适应能力，开辟前景广阔的潜在生存市场，才能更好地开拓企业的创新市场，实现市场的目标，才能让企业挨过漫漫寒冬，一步一步发展壮大，最后化蛹为蝶，一跃成为翩翩飞舞的美丽蝴蝶。

一语珠玑 不要强制推销。不是卖顾客喜欢的东西，而是卖对顾客有益的东西。

——松下幸之助

法则35

蜣螂"推粪球"
——有足够的技术储备才能走得更远

夏秋之际，在田野和土路上，人们经常会看到一只只蜣螂忙碌的身影，它们滚动着一个个圆圆的粪球不停地前进，被人们戏称为"屎壳郎推粪球"。蜣螂为什么会推粪球呢？难道是在玩推球游戏，或者是在进行体育运动，锻炼身体？当然不是，它可没有这份雅兴。原来它们是为自己的后代储备足够的食物呢！蜣螂夫妇在空中飞来飞去，寻找动物的粪便，一旦发现动物的粪便，立即停下来，开始工作。蜣螂的额头扁平，特别宽大，上面长着一排坚硬的扁齿，特别像猪八戒挥舞的钉耙。蜣螂夫妇用额头的扁齿，从粪堆的边缘开始，先把粪堆切割出自己能推动的一块，再把这块粪压在身下，用三对灵活的足不停地搓动，经过反复不断地搓、滚、磨，粪块便搓成圆滑的粪球，然后，蜣螂夫妇就会分工合作，开始滚粪球工作。丈夫在前面撅着屁股倒退着使劲拉，妻子在后面用屁股顶着粪球用力推，遇到障碍物，后面的妻子就会低下头，用屁股使劲把粪球顶过障碍物。直到推到松软的土地上，蜣螂夫妇才会停下来，在粪球上交配产卵。最后蜣螂夫妇用头和脚在地上挖个深深的洞，把藏满虫卵的粪球推入洞中，掩埋起来，这就为它们的后代顺利成长，准备了充足的食物。

一个企业要想可持续发展，必须有足够的技术储备，就像蜣螂夫妇一样，要为幼虫的顺利成长储存下足够的食物。在企业的成长过程中，除了应该准备足够的资金、人才、营销渠道，还应该要有足够的技术储备。经济发展状况比较好的时期，很多缺乏关键技术储备的企业，为了发展，产品仿制成风。稍有产品露出畅销的苗头，这些企业就一拥而上，仿制滥制，争相降价，恶意竞争。这样做的结果是虽然赚取了一定的利润，却没有发展的后劲。而经济危机一来，在残酷的竞争面前，这些企业很快会被淘汰出局。而那些剩者，都是拥有足够的技术储备，拥有自己核心竞争力的企业。

很多企业忽视技术储备，原因是没有长久发展的战略眼光，认为技术储备耗时费力，用处不大，不如跟风模仿或市场临时收买来得快，来得实惠。

【趣闻快读】

物理学家富兰克林，有一次邀请众人参观他的新发明，其中一个阔太太看了他的发明后，揶揄地问："可是，富兰克林先生，它有什么用呢？"富兰克林立即反问道："尊敬的夫人，新生的婴儿又有什么用呢？"

很多技术储备看似与眼前的企业生产经营无关，不能直接创造价值，但它确实是企业的隐形资产所在，是企业未来利润的增长点，就像蜣螂埋下的粪球一样，是企业未来的希望。

法拉第是英国著名的化学家和物理学家，世界上第一架发电机的发明者。他对知识的追求非常执着，为了一项科学研究实验，常常废寝忘食。他的朋友、老熟人，税务官格拉道斯通有一天来拜访法拉第，法拉第正在做一个实验。在格拉道斯通看来，这个实验毫无实用价值，便毫不客气地问："你花这么大的力气做这个实验毫无价值，即便成功了，又有什么用处呢？"法拉第轻松幽默地回答说："好吧！税务官先生，用不了多久，你就可以来收税了。"

技术储备，就是企业在开发新产品的过程中所进行的经验、技术和成果的累积。有了技术储备，就能保证企业产品不断创新，并能在生产技术发展中始终处于领先地位。人们常说的技术储备，一般来说是指广义的技术储备，包括技术人才、科技知识、科研装备和科研成果的收集与储备。有了充足的技术储备，当老产品进入衰退期，需要更新换代时，新产品就能马上开发生产出来，投入市场，这样新老产品就能互相衔接，持续发展。大家都知道，技术储备是一项探索性、试验性的工作，具有很大的风险性，所以很多企业不愿为此付出心血和代价。那么，怎样才能提高技术储备的成功率，避免失败的风险带来的损失呢？首先，要做好对新产品开发的技术预测、成本预测、市场预测和经济预测，制定出科学、合理、高效的新产品开发规划；其次，加强技术科研人才的引进和培养，建设一支具有丰富技术经验、优良的素质、较高解决问题能力的科研创新队伍，并充分发挥他们的聪明才智和创新精神；再次，要依靠先进的试验设备和手段，装备现代化的工业生产设备；最后，要处理好基础研究、技术研究和技术开发三者之间的关系，理顺彼此间互相依赖、互相联系，又有所不同、有所侧重的关系，一切为研制新产品、新技术服务。只有如此，技术储备才能发挥出最大的优势来。

【趣闻快读】

1723年，荷兰著名物理学家和化学家赫尔曼·约尔哈夫离开人世。当人们整理他的遗物时，在他的案头上发现了一本加封的书。这是一本看起来非常精致的书，封面上赫然写着："唯一深奥的秘诀在于医术。"大家惊喜万分，如获至宝。不久，这本书就原封不动地出现在了当地的拍卖市场上。拍卖那天，来了很多参加拍卖的人，事前大家对此书早有耳闻，所以拍卖一开始，此书叫价就非常高，人们争先恐后，一再哄抬拍卖价，而约尔哈夫的其他著作，统统被冷落一旁。最后，此书以两万元的拍卖价，被一个富商买走，买走时此书仍原封不动，未曾开封。当富商带着书，兴冲冲地赶回家，迫不及待地将书启开封，又迅速地翻了一遍后，你猜结果怎样？令他大失所望。原来此本共有100个页码，居然99页全是空白，不着一字，只是在书的第一页上，留下了这位科学家清晰的手迹："注意保持头冷脚暖。这样，最有名的医生也会变成穷光蛋。"

这样一本充满智慧的书，那个买家对此竟会如此失望，可见并非识货之人，只是附庸风雅罢了。企业技术储备，就像约尔哈夫的一句书一样，虽然代价昂贵，但其潜在的升值空间、价值利益却非常大。企业切不可像那位买主那样，跟风冒进，附庸风雅，不切实际地盲目进行技术储备。

【怎么办】

高能力、高机动性、高灵活性的技术储备是企业在市场上游刃有余的重要法宝，至于如何用好这一法宝，就需要企业好好思考一番了。

一语珠玑 我首先查看世界需要什么，然后，努力去发明它。

——爱迪生

法则36

负子虫的天性

——节约从财务分析范本入手

由雌性担负孵卵、照料下一代的责任，是大多数动物的习惯，但有少数几种动物例外。在昆虫中，就有这样一类尽责照顾幼儿的好父亲。雌雄交尾后，雌虫就将卵产于雄虫的背上，雄虫背负着虫卵，开始当一个尽责的好父亲。当虫卵需要呼吸时，它就会爬出水面；当虫卵碰到危险时，它就赶紧躲到水里。直到幼虫孵化出来，整个卵壳脱落，它才结束背负虫卵、照顾虫卵的责任。这种昆虫名叫负子虫。

企业拥有自己的财务分析模板，就像负子虫背负虫卵一样，能对自己的经营状况、未来形势，有个清醒的认识。

财务模板的作用当然是为了财务分析。财务是企业的经脉，科学合理的财务分析，能恰当地反映企业过去和现在的整体状况，并能预示企业未来的走势。财务分析就是企业的截面图，有了这张截面图，企业的情况自然一目了然。

【趣闻快读】

已经到了年底，神龟赛马公司董事长龟王，正在紧锣密鼓地筹备赛马销售总结庆功宴会。每年除夕举行庆功宴会，是神龟赛马公司多年坚持的惯例，而且每年宴会上，龟王都要给每个下属分公司的经理们发放红包，今年自然也不例外。宴会开始前，牧场经理绿毛龟、繁育中心经理蛋龟、财务部经理金银龟等一一走到龟王面前领取了大小不同的红包。领到红包后，他们都兴高采烈地坐回自己的座位等待宴会开始。

陆龟曾经在和兔子的赛跑中夺得了冠军，龟王十分器重，自然就将最重要的销售公司经理一职，交给了他。轮到陆龟到龟王面前领奖时，根据陆龟每年30％的销售业绩增长情况，龟王问："陆龟经理，你预计公司来年的销售计划能增长多少？"陆龟听后，充满信心地高声答道："经过一年对新市场的拓展和原有市场网络的精心维护，我认真测算过，如果不出意外，销售增长60％是没有太大问题的！"龟王听后笑着拿起一个最大的红包说："祝贺你今年取得的突出成绩和为公司做出的杰出贡献，这个最大的红包理应是你的……"陆龟见龟王要把最大的红包奖给自己，满心欢喜，还没有等龟王讲完，急忙伸手去接，口中连忙说道："谢谢董事长，谢谢董事长，工作完成得不好，还有差距，实在惭愧、惭愧，今后一定更加努力！"可是龟王并没有立即把红包递给陆龟，而是用一只手按住说："今年市场竞争如此激烈，公司的销售增长率仍然保持在30％以上，实在不容易，与你付出的汗水是分不开的。但公司所赚到的只是满满一牧场，但愿来年再接再厉，继续努力吧！"说完，不情愿地把红包递给了陆龟。

陆龟回到自己的座位后，脑子里一直思索着龟王的话，百思不得其解，为什么会是满满一牧场呢？如果是现金理当存进银行或者放在保险柜里，怎么能放在牧场？再说过年了，放在牧场安全吗？他越想越不对劲，越想越迷惑，只好问坐在身边的财务经理金银龟："董事长说'满满一牧场'是什么意思？如果是一牧场的现金，那还了得啊？""你瞎想到哪去了？什么逻辑啊，真是！'满满一牧场'当然是指牧场里那些没有销售出去的，或者签订了销售合约而没有发货的，还有签订了销售合约尚未付款而拒绝发货的，加上那些发了货还没有收回货款的，哪里有什么现金？！"

后来金银龟又说了些什么，陆龟根本没有听进耳朵里去，连宴会开始他都没有注意，只是陷入了更深的思考之中。

"如果满满一牧场都是赛马和应收的账款，那就表示公司根本没有现金为大家发红包，发红包的钱一定是龟王从银行或其他地方筹措来的，这样一来，一定会使公司的资金流转不畅，财务管理成本增加，费用开支大幅度增长。"

"如果在繁殖规模不变的情况下，公司一年只赚来了牧场中赛马数量的不断增加，那就说明赛马的品质已经发生了问题，如不及时进行赛马品种的升级换代，明年恐怕就不是牧场赛马爆满的问题了。"

"只赚到'满满一牧场'，充分说明公司的管理和制度等软件建设出现了纰漏。如果是应收款增加，暴露了由谁来负责回收销售款的责任不明确或安排不合理。这是管理责任，应该由龟王自己来解决。"陆龟一路想下去，越想越觉得龟王对自己讲的几句话用意特别深远，手里的大红包，分量也越来越沉重。

"假如公司明年经营效益不好，那我陆龟必将首当其冲被当成第一责任者而成为众矢之的，多么冤枉啊！可是如果龟王能意识到目前出现这种被动局面，是由于他的管理和制度出了问题，并愿意进行调整和改革，那情况将会截然相反，大为改观，整个公司都可能发生天翻地覆的变化。"陆龟这样思考着，不知不觉，宴会已经结束。

金银龟简单的几句财务状况解释，就让陆龟全面了解了公司目前的状况，继而清醒地认识到公司存在的经营和管理的问题。这就是财务分析的巨大作用。一般公司的财务分析，主要包含两方面：一是公司主要经济指标的完成情况，包括公司主营业务收入完成情况、利润指标完成情况分析、主营业务成本分析和费用分析；二是公司财务状况分析，包括资产总额、负债总额、所有者权益总额变动分析以及资产分析。

【怎么办】

透过企业财务分析，做好财务分析工作，可以让管理者通过公司各项财务资料，清楚地了解公司整体经营状况、财务状况及存在问题和漏洞，及时做出策略和制度的调整，更好地管理企业，使企业管理发挥出巨大的效益驱动作用。

一语珠玑　你不能衡量它，就不能管理它。

——彼得·杜拉克

蜜蜂保护幼虫

——做强做好不做大

蜜蜂体内存在一种幼虫资讯素，蜜蜂通过饲喂幼虫、对巢房封盖和调节幼虫区域的温度对幼虫照顾得非常周全。蜂后在蜂巢产室内产卵，蜜蜂幼虫在蜂巢内独有的育婴室中生活，由工蜂专门喂食抚育，直到幼虫成熟化蛹，羽化后破茧而出。蜜蜂对幼虫的精心照顾和保护，可称得上是生物界的楷模。

对于企业来说，开发研制新技术、新产品，培育新专利，就像昆虫产卵，是企业的未来和希望。而要拥有新技术、新产品，必须依靠科学技术和人才。人才和技术产品密不可分，保护好产品就是对人才的尊重，保护好人才，就是对产品的保证，二者不可偏废。技术产品是企业的核心竞争力，而人才是核心竞争力的源泉。

企业每研制开发一种新产品，就如同昆虫产下一个幼虫。新生命都是脆弱的，需要精心呵护、仔细保护，才能顺利长大。任何新生命的成长都不会一帆风顺，都要经过风雨和磨砺，只有采取正确的策略和方法，才能使新生命得到充分的保护。

【案例分析】

知名的美国施乐公司是复印机领域的标杆，但很少有人知道施乐公司是如何保护自己的新产品不受伤害的。"塞克洛斯914"干式复印机的研制成功，给施乐公司带来了新的喜悦。但新产品如何定位、如何定价，管理阶层几乎都认为价格应该不比市场普通复印机高多少。出人意料的是，公司总经理威尔逊却将它的价格定在了295美元的高价位，这令公司其他员工惊讶不已，因为大家都知道，"塞洛克斯914"的生产开发成本仅为24美元。为什么威尔逊经理会定出如此高的价格呢？首先塞克洛斯复印机是采用新技术的创新产品，具有其他复印机无法比拟的优越性能。市场上销售的普通复印机，复印之前必须添加特殊的复印液，而且必须使用一种涂有特殊感光材料的专用复印纸，否则无法工作，什么也复印不出来。而采用新技术新材料的塞克洛斯复印机就简便多了，只需要普通办公纸，三四秒钟时间，就能把文字和各种图片，清晰地复印出来。但塞克洛斯复印机又存在明显的不足，它结构过于复杂，难以保管、保养和操作。这一劣势，使这种新产品的后期需要公司提供即时、全面、素质、良好的售后服务。如果随意推向市场，放任自流，很快就会被客户淘汰。威尔逊经理对这种复印机的不足有着非常清醒的认识，他认为只有良好的售后服务，才能弥补这一不足，才能保护好这个新产品顺利成长。为此，威尔逊经理决定先给产品定个非常高的价格，让顾客望而却步。同时，又采取租赁制来代替这种新产品的直接买卖。这样一来，既维护了塞洛克斯复印机的产品声誉，又有利于售后服务的实施，保证了客户的利益。"运用租赁制，并充实售后服务"，威尔逊经理的设想变成了现实，使施乐公司在世界复印机市场上曾经一度达到了非常高的占有率。

施乐公司采取特殊的销售方式对新产品进行保护，其实就是在培育公司的核心竞争力。对于任何一个处于起步阶段的新产品来说，必要的保护措施都是非常重要的。做强做好不做大，其实就是要做强做好产品，而不是为了规模，不顾产品实际，最大限度地追求产品覆盖率和占有率。其实，只有做好做强，产品才会逐步完善，给企业带来最大化的效益。做强做好，就是强调了产品和服务的品质问题，而解决这个问题的关键因素是人的问题。假如施乐公司没有专门的技术人才研制开发出"塞洛克斯914"这种有别于市场上其他复印机的新型产品，假如这种新产品没有采用总经理威尔逊的策略而盲目推向市场，假如威尔逊经理没有采取对新产品的保护措施，那么，今天的复印机市场格局，可能会完全不同。做大的是规模，做强的是产品和人才。一棵树苗永远卖不到一棵大树的价钱，一个鸡蛋永远创造不了一只母鸡的利润。特别是当企业身处经济危机中，企业家更不能短视，盲目做大。追求眼前利益，极度扩张，不求品质，只求数量，这无疑是杀鸡取卵，做得越大，危机也越大。

越是身处危机之中，越是要爱护自己的专业技术人才。这些人才是企业的命根子，也是企业走出严冬、茁壮成长的希望所在。迫于经济危机的压力，很多企业纷纷裁员，减薪降资，以求节约人力资源成本。这个做法本身无可厚非，危机之中瘦身减负本身就是一种有效的策略。但要注意的是，并不是说裁去的员工越多就越能减少企业生存成本，因为无论是新技术、新设备，还是新服务，都是通过人来实现的，所以科学裁员，把优秀的、关键的人才留下来，再通过合理的待遇和报酬留住他们，才是企业过冬的良策。

【怎么办】

不怕不会做，就怕没人做。有了人才就不愁没有产品；有了产品，就不愁形不成企业核心竞争力；有了核心竞争力，企业才能蓄势待发，成为"剩者之王"。

> **一语珠玑** 把我们顶尖的20个人才挖走，那么我告诉你，微软会变成一家无足轻重的公司。
>
> ——比尔·盖茨

向强者看齐

苹果公司：创造性的产品发展计划

  Oracle的老板Ellison，曾于2000年登上耶鲁大学的讲坛，面对耶鲁大学即将毕业的高才生们演讲："……你以为你会怎样？一样是失败者，失败的经历，失败的优等生。……而我，Ellison，一个退学生，竟然在美国最具声望的学府里这样厚颜地散布异端，为什么？我来告诉你原因。因为，我，Ellison，这个星球上第二富有的人，是个退学生，而你不是。因为比尔·盖茨……因为艾伦……因为戴尔也是个退学生，而你，不是……"演讲尚未结束，Ellison就被撵下讲台。综观IT界的每一位富有传奇色彩的人物，无不具有鲜明的个性。正是这些鲜明的个性，才使他们有了令人匪夷所思的创新才能，才能够给IT界的发展，带来强大的驱动力。

  踏入个人电子设备领域，如果有人问，带给我们最多新鲜的感受、引领我们一次次体验电子设备带来的无穷魅力的品牌是什么，答案应该会比较统一：苹果。无论著名的"1984"还是Macintosh，无论是令人艳羡不已的iMac还是美轮美奂的MacBook，无论是飘逸灵动的iPod，还是性能优异、功能强大的iPhone，每一次创新，苹果都散发着无穷的魅力。有人说，苹果，已经升华为艺术的代名词。没错，的确如此。

  1974年，独具慧眼的史蒂夫·乔布斯从印度旅行归来，立刻看准了个人电脑市场的巨大潜力。他说服斯蒂夫·沃兹尼亚克，两人开始一同设计个人电脑，没有场地，乔布斯就把自己的卧室腾出来。沃兹尼亚克第二年春天，Apple I 在车库中艰难问世。到了生产推广阶段，身为惠普员工的沃兹尼亚克当然会首先想到惠普，但结果令人失望，对于这个木头盒子一般丑陋的东西，惠普根本提不起兴趣。乔布斯和沃兹尼亚克只好变卖自己的家产，自行生产Apple I。关键时刻，罗纳德·韦恩自告奋勇加入进来。也许是因为具有共同的反叛性格，他们选择了一个特殊的日子——1976年4月1日愚人节，宣告苹果电脑公司成立。不久，他们艰苦的努力终于得到了回报，一家名为Byte的电脑商店以666.66美元的价格，购买了50台Apple I。这是苹果电脑迈出的最为重要的一步。第二年秋天，Apple II，由沃兹尼亚克设计完成，虽然Apple II遭到了冷落，但却给苹果打造了一块腾飞的基石。

转眼到了1977年，苹果正式注册成立苹果电脑公司，并启用了新的苹果标志——就是那个沿用至今，家喻户晓的被咬了一口的苹果。同时，麦克·马库拉对苹果投资了9.2万美元，这是苹果获得的第一笔投资。借公司成立的东风，Apple II以1295美元的售价发布上市销售。从此，苹果终于从困窘的车库中走了出来，成长为一家正式注册的品牌公司。

不断进行技术创新的苹果，当然难逃各著名公司敏锐的嗅觉和犀利的目光。

1978年，正当苹果股票即将上市之际，不可一世的施乐公司主动找上门来，以允许苹果的工程师们研究早已被他们视为垃圾的PARC作业系统的图形界面作为回报，预购了苹果100万美元的股票。恐怕施乐自己也没想到，100万美元买来的是一只凶猛的老虎，结果养虎为患，反被虎伤：苹果的工程师化腐朽为神奇，很快将图形界面带进了一个崭新的天地，为苹果的腾飞插上了有力的翅膀。

20世纪80年代初，苹果发布了Apple III，首次按照配置的不同，制定了不同的售价。

1984年1月24日，对苹果来说，这是个划时代的时刻，Power Macintosh带着席卷电脑世界的强烈风暴，呈现在世人面前。苹果的工程师们，从施乐并不成功的PARC中汲取了精华，又经过千锤百炼，终于把Macintosh升华为电脑时代发展的里程碑。跟随Macintosh的风暴，苹果也达到了事业的顶峰。

1991年，苹果与老对手IBM结成伙伴，苹果把RISC处理器Power PC的研发交给了IBM。

1996年，乔布斯凭借着卓越的个人魅力，重返苹果，并在1997年初宣布了全新的Mac OS战略。乔布斯重新扛起苹果的大旗，立刻显示出自己在引领苹果前进方面的巨大魅力，他所做的第一件事就是于1997年8月6日与微软结盟，以在Mac OS中集成IE浏览器作为回报，换来了微软的1.5亿美元投资。

1998年春天，苹果再次推出颠覆电脑世界的新杰作——iMac。iMac刚一面市，就如一支兴奋剂，令早已开始麻木的PC市场沸腾起来。在功能强大的Mac OS 8.5配合下，iMac很快成为史上销售最快的个人电脑佼佼者。

1999年7月21日，iBook再次被强势推出，14万张订单立刻如雪片般向苹果头上砸来，接着，乔布斯连爆新招，推出了完美无瑕的超级电脑Power Mac G4。

2000年1月16日，集成最新Aqua桌面被苹果推上了前台，基于UNIX的Mac OS X，是一款设计新颖、玲珑剔透、晶莹如玉，处处流淌着唯美轻柔之感的作业系统。它使苹果又一次在全世界惊叹的目光里，收获了无上的荣誉。

2000年4月，乔布斯再次当选苹果CEO，带领苹果以2.33亿美元的盈利，跨进21世纪的门槛。此时的Power Mac G4，已达到了双800Mhz的速度，比起发布之初iMac的速度也已翻了几番。后来，廉价易用的PC在全世界的普及，直接带动了各类电子消费产品的红火。在PC领域，一场MP3的热潮正以排山倒海之势席卷了整个电脑市场和网络世界。这么难得的机会，苹果当然不能错过。他们透过非凡的创意，很快推出了时尚的iPod，并深深地扎根在了MP3播放器最高端的尊贵位置。

进入2007年，苹果推出iPhone，马上惊艳全球，短短两年苹果电脑成为世界三大手机制造商之一；2010年，苹果又推出iPad，重新定义平板电脑，引起业界轰动。

没有人能说苹果已经达到了顶峰。就像当年苹果砸在牛顿头上给世界带来了万有引力的发现一样，如今这个砸在全世界人们头上的苹果，正带给人们无尽的遐想、全新的体验、快乐的感觉和唯美的享受。

明天，这个被咬了一口的苹果，会带给我们什么样的惊喜呢？

第八章

学智慧的动物，
找一块安全地带

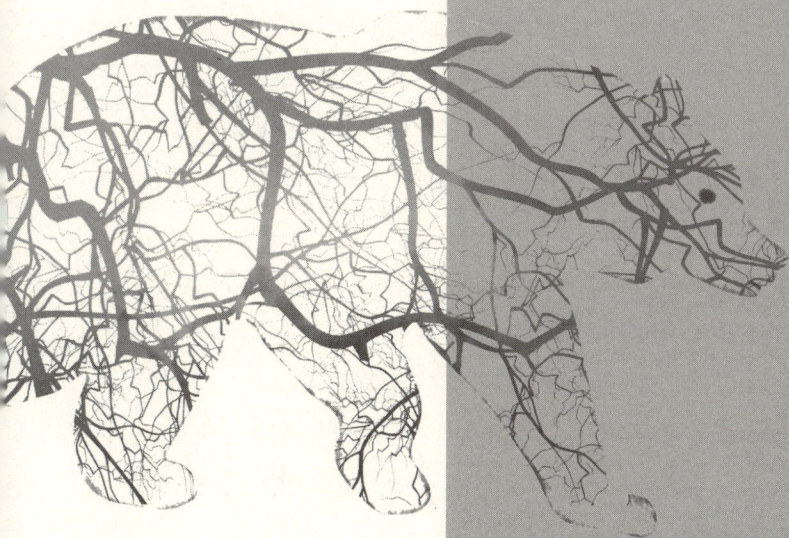

冰层下的生物世界

——再冷的地方也有生机

在南极海岸，随着部分地区冰层的融化，以前被覆盖在冰层下的多种奇异生物逐渐被人们发现，鳍成扇形的冰鱼、纺锤形的橙色海星等各种新鲜的生物，给人们带来一个又一个惊喜。

南极洲的威德尔海，有两座至少已存在5000年、总覆盖面积达1万平方千米的巨大冰山相继解体。冰山的解体给了人们一次考察冰下世界的难得的机会。人们惊奇地发现，想象中的冰下蛮荒世界实际上却是生机勃勃。栖息在这里的生物，早已适应了海底冰冷幽暗的环境。你看那蓝色的冰鱼，背鳍长着坚硬的硬棘，如同古人手中摇动的扇子，它的血液中不含红细胞，因此血液浓度变得更稀，因此血液也更容易输送到全身，从而在低温环境中能更好地保存能量。再看"长腿"的海星，比一般五条腿的海星还要大很多，它们和冰鱼生活在一起。而成群的海参，总是朝着同一个方向移动。人们还发现了15个外形类似的虾，可能是片脚类的新物种，其中4种新的刺细胞动物，可能和珊瑚、水母、海葵等有着亲戚关系。看来，无论怎样恶劣的环境，都有可能存在着生命，使世界变得多彩多姿。

经济危机的严冬，就像给整个人类的生活都结上了一层厚厚的冰，萧条、冷寂，如沉睡的南极冰川。但那真的是个死寂的世界吗？显然不是，在"冰层"下面，众多的企业在疗伤休养，储存能量，蓄势待发。危机也促使众多未被击垮的传统产业纷纷调整结构、转型升级。通过退场机制、旧瓶新酒等措施，企业开发新产品，进军新领域，从劳动密集型企业蜕变到技术型企业，脱胎换骨，力求新生。

【案例分析】

蛰伏在冰层底下的台湾省泰山企业股份有限公司，耐不住寒冬的沉寂，在詹岳霖的率领下，大旗一挥，首度闯进餐饮连锁领域，开始了新的打拼。1977年，泰山集团进入大陆，经过10多年苦心经营，仙草蜜罐装甜品饮料已经在中国的华南地区拥有了很高的知名度和不错的市场占有率。由于口味关系，公司的主力市场集中在华南，生产以漳州厂为主。经济危机到来后，因原材料、包装材料的大幅度涨价，企业出现了严重亏损，昆山厂被迫转租给其他企业使用。后来经过战略调整，公司曾试图从调整零售价格把成本压力转嫁出去，并希望很快转亏为盈。

年轻的詹岳霖，具有非常敏锐的触觉与企业家的前瞻性，同时坚守与本业相关的产业发展规则，不盲目，不跃进，不胡乱冒险涉足新领域。他本人具有很好的大局观和国际视野，行事积极稳妥，领导风格鲜明，果断有力，面对众多企业转型，他都镇定自若，打稳自己心中的算盘，仔细设计好自己要走的路。

不能坐以待毙，是詹岳霖的性格。他经过市场调查发现，同类型的甜品店基本上都是以路边摊或甜品小站的方式经营，真正产品好、环境好、格调高的店铺尚无人涉足。而泰山集团有近60年的食品研究历史，已经拥有雄厚的技术力量，如果发挥自己的特长优势，开一家规格高、品质高，价格能够为大众所接受的甜品店，应该是顺理成章、水到渠成的事情。于是他们决定，在厦门开设一家旗舰店，命名为"仙草南路"。定位在"产品研发中心"和"员工培训中心"两个基点上，其目的不是为了这一家能赚取多大利润，而是接踵而至的第二家、第三家店，以及未来希望能成功开启的连锁店模式。按照詹岳霖自己的话说："如果我能开第二、三家店，就表示我的营运模式已经成型了，这样才有相对的利润。在这之后，我们准备走加盟的路线，但加盟方式也跟人家不一样。我们不收取加盟费，而是比照之前台湾开便利商店的方式。只要我们认同你的认真，你交一定的保证金就行，店面我帮你找，店员我来帮你培训。简单说，就是要跟绩效挂钩。比如不能以'下雨天没客人'等为理由，而是要主动，可以自己打电话给老客户，或者自己送过去。总之，要想办法积极主动地开拓市场。当一个人有企图心的时候，才能成功。"

开弓没有回头箭，在如此严峻的经济形势下，詹岳霖的选择是大胆的，也是富有创意的。他审慎地研究了整个经济形势，研究了人们的消费需求心理和市场状况，并对自身优势有了清醒认识后才做出这样果断的决定。但愿"仙草南路"真如其所说的那样："是能为消费者提供、新鲜、自然、美味，优质食品的休闲甜品店，让消费者在享受到美味产品的同时，也能在良好的环境中放松身心。"目前它已在大陆站稳脚跟，一步一步，发展壮大。

没有走不通的路，只有没人走的路。在经济危机的坚冰下，还有广阔的生活海域。只要有生活，就有商机。我们应该向南极深海中那么绚丽的生命学习，改变自身，适应环境，善于发现，勇于开拓。

【怎么办】

在经济危机的冲击下，企业要有敏锐的嗅觉和观察力，时刻关注消费者的心理需求，盯紧市场出现的新动态、新情况，及时发现，及时调研，及时投入开发，及时投放市场，这样才能在产品生产大潮到来时抢得先机。

一语珠玑 危机不仅带来麻烦，也蕴藏着无限商机。

——格雷格·布伦尼曼

法则39

温暖的地方好过冬
——盯紧政府采购

寒风呼啸，天寒地冻，在某动物园的暖房里，经常可以看到这样一幅场景，一只大乌龟孵在空调下面，把头缩进壳里，安静地冬眠。对于严冬中的企业来说，什么才是散发着无尽温暖的空调呢？那就是政府采购。

【案例分析】

深圳，有一家规模不到500人的小规模电子厂，老板和员工正在紧张地忙碌着。"我们正在与美国南加州政府做生意。"电子厂的老板高兴地告诉每一个给他打电话的人。原来，他们厂通过标霸网的招标竞争，获得美国政府采购的一笔60亿美元的随身碟订单。对这单生意非常满意的还有标霸公司总裁吴高林。吴高林透露，这批订单是通过美国政府采购发出的，而实际买家是美国南加州大学。"我们在南加州注册有分公司，当时每件商品的获标价为11美元，比第二竞争对手的价格低15％左右。"得到美国政府采购随身碟的订单后，吴高林立即将该采购信息挂上了标霸网的中文网页，并向国内中小电子企业发出了订单竞标信息，竞标结果，标霸公司以38元人民币的价格，在国内采购到了这些产品。订单合同签订后，供货企业要在规定的时间完成产品生产，并自行报关，把货品出口运送到美国标霸公司南加州分公司，再由加州分公司将货品运送给购货方验收，所有成本加起来约为58元人民币。在30天内，美国政府购货方就会结清货款。所实现利润，标霸与生产企业各得50％。"美国2004年的政府采购额为2.2兆美元，称得上是世界上最大的采购商，经常一个订单就相当于企业一年的产量。"吴高林还透露说，美国政府采购其实并不神祕，标霸公司已经帮助深圳50多家企业成功进入了美国政府采购这个庞大的市场。

标霸公司之所以能做成这么大一单美国政府采购生意，并非偶然，总裁吴高林为此总结出"得到美国更多订单"的"成功投标十步法"："一要通过合适的途径接触、认识政府官员；二要加入政府供应商的名录；三要熟悉各级政府采购条例，以便学会利用条例为自己争取及捍卫权利；四要密切注视标讯；五要随时准备提供报价；六要学会从上述三个渠道索取标书；七是标书必须按时送达；八是投标后必须采取准备措施，积极准备生产；九是要准备美国一些政府部门来"验场"，即过来看企业的设施、能源等；十是拿到政府的合约之后，必须按时、按质、按量完成政府的采购契约。"

政府采购，一般也称作公共采购，是许多国家管理政府公共开支的一种基本手段，是各级政府及其所属机构为了开展日常政务工作，或为公众提供公共服务的需要，在政府相关机构的监督约束下，按法律规定的要求，以法定的方式、方法和程序，对所需产品货物、工程建设或公共服务实施集中采购。世界上最早的政府采购法律法规，是美国于1761年颁布的《联邦采购法》，至今已有200多年的历史。

一般来说，实行政府采购制度的国家，通常能节约资金10%左右。因此越来越多的国家开始接受政府采购制度。随着政府采购目标和内容的不断变化，为了满足政府采购需求，政府采购的方式也在不断地改进、完善和更新。

美国政府采购与家乐福、沃尔玛等商业企业采购不同，具有品种多、数量大、重复性强等特点，而且整个采购实施过程比较公平公正，付款准时快捷。具体说来，美国政府采购的货品，主要包括政府日常用的各种文具、办公用品、建材、服装和皮带、靴子，以及枪支弹药、防弹背心、警用车辆等各类警用品。单纯办公文具一项，如加州、纽约州这样的大州，一年就会发出差不多300万到500万美元的订单，这些采购公开、公正、公平，只要具备相应的条件，任何企业都可以参与竞争。

很多企业没有分得美国政府采购这块大蛋糕，原因大多是根本不知道美国政府采购信息，也不知通过什么渠道、什么途径才能进入这个市场。正常情况下，要想得到美国政府采购信息，非常容易，可以通过网络、大众传媒、政府刊物三个途径获取相关信息。联邦政府采购信息网站就是官方网站，随时公开政府采购信息，美国联邦采购资料中心随时可查到超过2500美元的合约资料，经由网络就可以方便查阅；商务部每两周都会出版简报，《商务日报》也会经常刊登各类政府采购信息，获得这些信息，对企业参与美国政府采购竞标，有着非常大的作用。

海外公司要进入美国政府采购市场，还需要在美国注册一个公司，因为按法律规定，美国政府不鼓励海外采购，有些地方政府甚至在采购条件中明确规定，参加竞标的企业只能是本地或周围一定距离范围内的企业。而其实在美国注册一个公司是很简单的事情，一张有效身份证件，一个有效通讯地址，200美元注册资本，就可以轻松拥有一个企业法人资格。然后就可以进行投标注册。拥有一个美国政府采购商注册号，就具备了参加美国企业政府采购的资格了。有了这个资格，能不能获得政府采购订单，那就看企业自己产品和服务的实力了。

【怎么办】

经济寒冬中，如能获得一份政府采购订单，对于企业来说，无疑是落水之人抓到了一根救命的木头，既救急又救命。所以企业应该利用一切可能的机会，进入政府采购这个大市场，分得一杯羹。

一语珠玑 成功的代价是奉献、艰苦的劳动，以及对你想实现的目标坚持不懈的追求。

——弗兰克·劳艾德·赖特

法则40

怕光的鼹鼠
——建立经济根据地

鼹鼠是一种比较奇特的动物，常年生活在地下。拉丁文中，鼹鼠就是"掘土"的意思。成年的鼹鼠，眼睛深陷皮肤里，视力严重退化，几乎看不见任何东西。由于常年不见天日，一旦受到阳光长时间照射，鼹鼠反而会中枢神经紊乱，导致死亡。

任何生物都要找到适合自己生存的环境，企业也不例外，要想活下去，生存环境至关重要。企业生存靠市场，没有市场，企业就等于失去了生存的土壤，就像鼹鼠离开地下土壤的庇护，受到阳光照射一样，迟早会死掉。从本质上说，市场具有相似性和差异性的区别，从空间分布来说，又分为整体市场和区域市场。如果企业在整体市场上没有优势，不妨创造局部优势，像鼹鼠一样，建立自己的根据地。现代企业区域市场竞争的制胜策略往往是这样的：与其在整体市场上与对手短兵相接，不如在区域市场上赢得优势；与其在整体市场上争得极少的比例，不如在区域市场上占有绝对的优势。经济危机中，对于那些实力弱小、弱不禁风的中小企业来说，要想在强手如林的同质产品市场竞争中赢得一席之地，建立明确稳定的区域市场，也就是自己赖以生存的根据地，就显得尤为重要。生存第一，发展第二。在有限的空间内创造局部的优势，抢占较大的市场比例，并能长期坚守巩固，进而有效地抵御来自竞争对手的攻势，保存壮大自己的实力，是危急中企业生存的关键。

【案例分析】

在开辟自己的根据地方面，美国戴尔电脑公司创始人麦可·戴尔就是非常好的榜样。年轻的麦可·戴尔考入德克萨斯大学后不久，很快发现很多同学都想拥有一台属于自己的电脑。而当时市场上电脑高昂的价格，令很多大学生望而却步，而且那些电脑的性能也不太适合学生使用。同时，他进一步了解到，IBM的经销商很少有人能完成公司的销售定额，相当一部分定额会积压下来。这一发现，使戴尔看到了契机，于是，他联络经销商，要求经销商以进货的价格将剩余的定额全部卖给他。这是一举两得的事情，经销商何乐而不为？戴尔以进货价买下这些电脑，搬进自己寝室，在小小的寝室开始了自己第一次创业。他首先着手对电脑进行了一些小小的改进，使其性能更加适应和满足大学生的使用需求，同时根据大学生需求市场的特点，采取低价促销战略，以比当时当地电脑市场同类机型售价低15％的价格优势，把这些通过自己改装的电脑推销给大学生。由于低廉的价格和适用的性能，戴尔改装的电脑很快赢得了校园市场。1984年5月，只有19岁的麦可·戴尔，拿出了自己所有的积蓄，创办了戴尔电脑公司。没过几年，麦可·戴尔已经是美国赫赫有名的亿万富翁了。

戴尔通过低价策略，不仅使大学校园成为自己产品的市场，也使社会上原来的潜在消费者，变成了现实消费者，进而扩大了自己产品市场的外延。经济危机中，企业为了建立自己的根据地，完全可以考虑采用低价策略，用价廉物美来刺激消费者的购买欲，扩大产品销量，逐步提高产品的市场占有率。

综观经济危机中的众多中小企业，之所以节节失利、不堪一击，重要原因是多数企业未能像鼹鼠一样开辟出自己赖以生存的根据地，没有自己明确、稳定的区域市场。

那么，企业如何开辟自己的根据地，建立起明确的区域市场呢？

一、要认清自己产品的特色和优势。

二、全面了解掌握自己产品适合的消费区域，像戴尔那样认清产品的潜在市场所在。

三、要求采取合理的营销方式，打入自己认定的区域市场，打开产品销路。

四、集中优势兵力，不断提高自己产品的市场占有率，做好市场维护，巩固产品的市场地位。这样，就使企业拥有了自己生存发展的根据地和大后方，接下来就可以挖掘产品市场的延展作用，不断开拓周边市场，为企业谋求未来的发展壮大，打下坚实的基础。

【怎么办】

不做散兵游勇式的营销，集中优势兵力攻占一个山头，抢夺一块地盘，控制一个区域，稳步发展，使其成为自己的根据地。只有如此，企业才能在危机中生存下来。

一语珠玑 企业应该从市场驱动型转变为驱动市场型。

——菲利普·科特勒

法则41

留得青山才有柴
—— 减少投资储存能量

为了能顺利度过冬天，整个秋季，熊都要拼命地吃东西，储存大量皮下脂肪。尽管如此，等到来年春天，从蛰居的洞穴里爬出来的时候，熊的体重也只剩下三分之一左右了。危急中的企业就像冬天的熊一样，收入锐减，入不敷出，所以也应该像熊一样，减少活动，避免热量消耗。其中减少投资，保存实力，尤为重要。金融危机造成银行信贷紧缩，企业融资也陷入了困境。因为担忧经济前景黯淡，所以减少投资和贷款申请，减轻企业资金压力，勒紧裤带过日子，也成为多数企业的首选。

投资是市场需求的晴雨表，危机到来后，市场严重萎缩，如果再做投资，无疑会使资产大量闲置。而且投资的延续性会使企业在没有产出和循环的情况下，慢慢陷入资金后继乏力、逐渐断流的困境。投资是椟，市场是珠，没了市场这颗金光闪闪的夜明珠，买椟何用？

【趣闻快读】

有一个海洋馆的工作人员，曾做过这样一个实验：每次喂养鲨鱼，除了正常的肉类之外，都会投进一些鲜活的鱼类。鲨鱼看到活鱼后，就会快速游过去捕食，进而保持了原始的天性。后来，工作人员在养鲨鱼的水池中间，安装了一块透明的钢化玻璃，把活鱼投放在没有鲨鱼的另一面。鲨鱼看到新鲜的鱼后，仍然会如以前一样过去捕食，但这次却撞上了钢化玻璃隔板，而那些鱼还在活蹦乱跳地游来游去。捕食的天性使鲨鱼一次又一次向活鱼冲去，每次都无功而返。这样反复多次，鲨鱼不仅没有捕到鱼，还撞得遍体鳞伤，而鱼儿们却优哉游哉地自由游动。时间久了，鲨鱼逐渐减少了撞击钢化玻璃的次数，直到最后放弃了撞击。这时，工作人员撤去了玻璃隔板，继续向另一侧投放活鱼，鲨鱼却连看也不看，再也不越雷池一步了。

市场虽然像鲜活的鱼类一样对鲨鱼充满诱惑，无奈隔着经济危机这层钢化玻璃，如果再贸然投资，就会像鲨鱼一样，碰得头破血流。这时候，企业应该观望、等待、养精蓄锐，一旦经济形势好转，再去施展身手。

松下退出热水器市场，像一枚重磅炸弹，掀起了燃气具市场的巨大波澜。很多年来，松下热水器几乎占据了东亚市场的半壁江山，拥有如此令人艳羡的市场比例和忠实的消费群体，却毅然退出，真是令人匪夷所思。但了解内情的人都知道，基于品牌全盘考虑，只有压缩投资，才能集中精力做好主打产品。作为著名家电企业，松下的经营范围历来很广，从电视机、电冰箱、洗衣机、空调到各种生活小电器，五花八门，应有尽有。产品种类多，生产基地多，投资战线就会拉得特别长，虽然规模上去了，但也使投资过于松散，不能集中优势兵力推出创新产品，从而直接影响了投资效益。经过战略调整，松下从大而全开始重视投资效率，停止一些市场老化、利润低下、效率不高的项目，集中精力投资更有市场前途、回报高的创新产品。在这种战略思想指导下，松下开始从全球各地的多个行业中抽身撤退，其中就包括上面提到的技术含量低、利润空间小的热水器行业。退出热水器等行业后，松下集中精力开发生产温水冲洗坐便器。这一产品虽然还没有得到人们的普遍认可，但其蕴藏的前景是非常广阔的。同时，松下并没有坐等经济危机过去，而是主动出击，把精力放在了市场培育上。松下打破了以往在家居市场销售温水冲洗坐便器的格局，而是在家电、百货等销售渠道铺货，主要目的就是为了让消费者有更多的接触和认知机会，从而培养人们新的消费观念，培育潜在的市场，悄然等待销售春天的到来。

资金流是企业的血脉，过多的投资，势必需要更多的血液供应，而危机时期，资金流的保证就成了最大的问题。到处都没有钱，企业没有，消费者也没有。这时候，作为企业，看紧自己的口袋，细水长流，把好钢用在刀刃上，才能保证自己的主业不致陷入危险境地。留得青山在，不愁没柴烧。

【怎么办】

危机中，企业冬眠当然并非坐以待毙。而应该守住原有市场，巩固原有市场，尤其是主打产品市场，坚决不能丢掉。一方面守住原有主阵地，另一方面要及时瘦身，甩掉那些边缘化的投资，尽量减少内部消耗，积存体力，熬过漫漫严冬。同时，要像冬眠的母熊一样，孕育新的生命，研发新的产品，一旦经济复苏，人们的消费欲望增强，就是新产品抢占市场最有利的时机。

> **一语珠玑** 我曾花大量时间观看冲浪者，你知道他们花费大量的时间在干什么吗？等待，不是无精打采，而是全神贯注地等待。他们对许多次级浪置之不理，只是等待最有潜力的那一轮浪。只要那一轮浪来到，他们立刻就会行动。
>
> ——韦斯特

法则42

冬眠是个宝

——无为而治并非无所作为

冬眠是动物对外界不良环境，如寒冷、食物缺少等状况的一种适应。这种状态下，动物的生命活动处于极度不活跃的状态，例如蝙蝠、蛇、刺猬、乌龟、极地松鼠等都有冬眠的习惯。到了冬天，乌龟就会进入冬眠状态，它会找个安静隐蔽的地方，把自己长期缩在壳中，不吃不动，呼吸次数减少，体温降低，血液循环和新陈代谢的速度减慢，消耗的营养物质也降到了最低，有时甚至会呈现出一种轻微麻痹的状态，就像人休克一样。当然，如果受到人为的剧烈干扰，或者环境发生巨变，尤其是温度异常变化，也会使冬眠的乌龟苏醒过来，但发生这种情况，就会大大降低乌龟的体质，影响乌龟第二年的生长和繁殖，严重的会导致死亡。

具体到企业管理，由于企业所处的经济区域不同、行业不同、市场环境不同，自身的发展阶段也不同，管理模式当然也不会相同。如果企业在实力不够雄厚，市场又极度萎缩，收入不能维持企业大规模生产经营的需要的情况下，不妨向乌龟学习，采用休克疗法，最大限度地降低消耗，保留最后的体力。

一般情况下，经济危机发生后，消费者购买欲望严重受挫，购买力大幅度下降，企业产品积压，造成停产停工，经营难以为继。这种情况下，企业要稳住阵脚，要根据自身情况，制订合理有序的安全过冬计划，这样既能渡过眼前难关，又能为春天复苏振兴，做好充分的准备。

一、偃旗息鼓，节约宣传成本，取消各种广告和营销宣传活动，使产品形象、企业形象，停留在危机前的状态。这样有利于保护产品和企业给市场留下的稳定印象，不因危机的冲击而造成重大损害。

二、要从一些没有得到充分开发、业绩小、还不成熟的边缘市场悄然撤退，不背包袱，不拖后腿，节约销售成本。对市场进行重组，只保留那些稳定成熟的市场，认真打理，精心维护，将之作为最后的根据地，保留希望的火种。

三、调整产品和服务结构，坚决舍弃那些效益不佳、前景黯淡的老化产品和服务，节约生产成本。集中人力物力，挖掘出主打产品和服务的最大潜能，既能维持产品和服务的市场形象和地位，又能为企业渡过难关积蓄能量。

四、要精减人员，该裁减的裁减，该休假的休假，只保留关键部门和关键位置的核心成员，保持好企业基本管理框架，节约管理成本。

五、要减少各种不必要的社会活动，争取政策优惠和补贴，不铺张不浪费，节约社会成本。

总之，特殊时期有特殊的要求，采取特殊的管理模式也是顺理成章的事情。休克疗法的好处就如乌龟冬眠，看似奄奄一息，其实孕育着顽强的生命力，只要春天还会来，企业就不会因此倒闭破产。

无为而治只是一种特殊时期的特殊管理方法，并非放任自流、被动等死。无为而治不等于不治，就像人睡觉时，心脏、大脑等肌体同样需要有条不紊地工作一样，企业虽然冬眠了，但仍然需要保持对市场、对环境的敏锐感觉，一旦春风吹来，就可以像乌龟复苏一样，获得新的活力。

【案例分析】

某小镇一家餐馆，长期出售当地生产的一种啤酒，每天两桶，经年累月都是如此。有一段时间，这种啤酒的销量突然大增，每天两桶都不够卖，一连持续了几天。于是，餐馆老板决定增加进货量，由每天两桶改为每天四桶，结果，四桶啤酒也全部卖出，销量较原来一下子翻了一倍。不仅这家餐馆如此，整个地区的餐馆，这种啤酒的销量都普遍上扬。这种情况持续了一段时间后，由于啤酒厂产量有限，无法满足市场的需求，出现了供不应求的现象，这种啤酒很快成为当地的抢手货，每天到啤酒厂进货的人排起了长龙。为了满足市场的需求，啤酒厂决定追加投资，扩大产量。又过了一段时间，当啤酒厂投资到位，新增设备投入生产时，市场销量却又恢复到了增长前的水准。新增产的啤酒堆积在仓库里，无人问津，造成大量库存积压。这次投资扩张，让啤酒厂损失惨重，资产搁置、资金断流，资不抵债，最后导致破产。是什么原因导致啤酒突然销量大增又快速回落呢？后来人们调查发现，当时，有部电影正在整个地区播放，电影无意中为这种啤酒做了广告，使人们爱屋及乌，突然喜欢上了这种啤酒，但后来随着电影影响的消失，人们慢慢地对这种啤酒失去了兴趣。

【怎么办】

在萧索的严冬中，无为而治不失为企业保存实力、静待复苏的良方。当然，无为而治时，一定要平心静气，稳住心神，不能一有风吹草动，就盲目跟进，要严防环境回光返照式的偶尔变化。如果仓促应战，就会导致企业自乱阵脚。

一语珠玑 无智，故能使众智也。无能，故能使众能也。无为，故能使众为之。

——胡适

向强者看齐

富国银行：理性地收购，建立更大的根据地

2008年的金融危机是由美国的次贷危机引发的，是美国金融界的一次大动荡，无数银行遭到了亏损乃至破产的打击。可是有家银行的情况却出人意料，不但没有受到损失，反而在2009第一季度净盈利30亿美元，平均每股盈利高达55美分，远远超出了市场预计！这就是富国银行。

富国银行是美国五大银行之一，也是美国第二大住房贷款银行。一个贷款银行，它是如何在危机中拓展利润的呢？

我们从富国银行的发展历史谈起。1852年，富国银行成立，经过数位总裁悉心经营，到了1998年资产达到930亿美元。这时，一位金融界大亨为富国银行带来新的机遇，此人就是金融界赫赫有名的理查·科瓦塞维奇。

科瓦塞维奇可是位厉害角色，早在1980年担任诺威斯特银行首席营运官时，分析师们就一致希望银行不要再涉足住房贷款了，但他却执意为之，十分看好房贷市场。20世纪90年代末，在各家银行纷纷关闭分行时，他却增加分行业务。在其他银行高价收购投资银行时，他又不为所动。一系列与众不同的举动让他赢得"怪才"美誉。汤玛斯·布朗在谈起他时，曾经这样说："无人可以长期打破传统思维的习惯，并能够保持正确。"言下之意，科瓦塞维奇一反常态的思维和做法，不可能永远正确。

在科瓦塞维奇长期与众不同的决策中，曾经遭到许多反对，特别是1993年之后，他出任诺威斯特银行CEO，开始大举并购活动，先后收购了77家银行，而这些银行的资产大部分不到10亿美元。这让华尔街的分析师们大跌眼镜。可是到1998年，诺威斯特银行已在美国16个州开设3830家办事处。

1998年12月，他打破传统做法，以350亿美元收购资产高达930亿美元的富国银行。在纽约召开会议宣布这一提议时，上百个基金经理和分析师参

加了会议，当科瓦塞维奇向在座各位提出"喜欢这起收购的，请举手"时，全场哑然，无人举手。

当时，巴菲特的伯克希尔·哈撒韦公司持有富国银行8％的股票，他也不同意科瓦塞维奇的收购，并找到他，亲口对他说："富国和诺威斯特并不相配。"

然而，科瓦塞维奇不惧反对，顶着巨大压力进行着自己的计划，因为他看到了富国银行带给他的一个机会。原来，富国与诺威斯特合并前，曾经想收购加州第一洲际银行，却因为种种原因，没有成功。所以富国与诺威斯特合并之后，股价开始下跌。

富国股价下跌，科瓦塞维奇认为是良机，因为第一洲际银行在美国21个州都有分行，其中只有两家与他的银行业务有重叠。也就是说，富国银行可以为他扩宽19个州的业务，这可是巨大的空间。

与此同时，科瓦塞维奇还收购了另外三家银行，这些银行削减成本45％。结果证明，科瓦塞维奇对了，3年后，他成功地使富国走向更大更强的行列。巴菲特不得不对他刮目相看，并在2002年增加了300万股份。

对于来自他人的看法，科瓦塞维奇也有自己的说法，他说："我喜欢实话实说，我不是为了让人喜欢我，不是为了让人关注我。不过，谁都清楚，沃尔玛和家得宝独霸天下之前，也没有多少人知道它们。"看来，科瓦塞维奇还是我行我素，并希望创造最大的辉煌。

在收购富国后，为了充实金融产品，科瓦塞维奇用5年时间连续收购了18家保险公司、3家信托公司、3家资产管理公司和一家基金公司。这样的话，富国银行的融资利润每年以14％的速度增长，而与之竞争的主要对手增长率仅为4％。到2008年，富国的资产达到4200亿美元，业务涉及银行、保险、投资、抵押和消费信贷多个方面，成为美国五大银行中资产最少、资产回报率却最高的唯一银行，净息差高居榜首，达到5％。

2008年12月，在经济危机爆发之时，富国银行以125亿美元的价格收购了美联银行，阻止了花旗银行的收购计划。美联银行是这次危机的亏损者，深陷住房抵押贷款泥沼中，因此富国收购后，首个季度遭受了亏损，金额达到27.3亿美元。进入2009年后，富国股价也一度缩水超过60％。

可是，如当初收购富国一样，科瓦塞维奇认为这是一次良机。而且这次与他持相同看法的还有巴菲特。巴菲特预言：富国将从信贷危机导致的低利率中获益匪浅。2009年，美国住房抵押贷款下跌到5％，突破历史最低，为贷款银行复苏创造了机会。

果如所料，2009年第一季度结束，收购美联后的富国银行光住房抵押贷款这一业务的总额就达到1000亿美元。5月，巴菲特在股东年会上高度认可科瓦塞维奇，称富国银行是家"纪录极好"的公司。是的，不只巴菲特这么认为，2008年，富国银行被穆迪公司评为债务等级3A级，是目前唯一被评为3A级的美国银行。2009年上半年，其利润达到35亿美元。

第九章

剩者为王的过冬精神

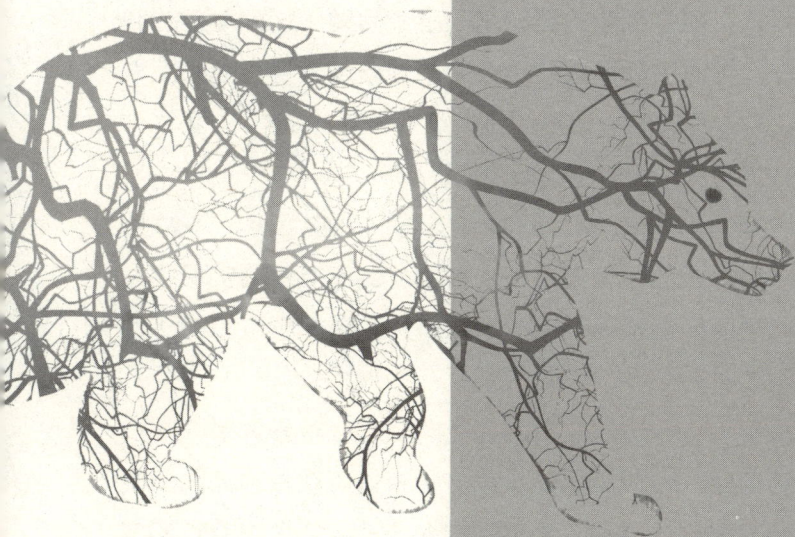

法则43

以生存为第一

——利用资讯策略为企业瘦身

【趣闻快读】

圣达戈动物世界里，驯兽师正在带领一头胖胖的海象，做着扶地挺身，上肢练习完，接着要进行腹部的锻炼。另一只叫史宾纳的牧羊犬正在跳绳，它的健身计划是有氧运动。而小猪和海牛已经着手控制饮食，小猪的一日三餐是水果沙拉，海牛只有把绿色菜叶当成大餐了。显然，这些动物正忙着减肥，因为肥胖已经威胁到了它们的生命。

不仅动物肥胖了会威胁生命，如果一个企业患上肥胖症，也是要命的事情。表面看来，企业患上肥胖症的原因很多，但仔细观察，真正造成组织肥胖、成本不断增加的根源，可能是企业的组织基因出了问题。这种类型的肥胖，一般称为基因型肥胖。针对这种情况，企业要想健康地瘦身，就必须拿组织基因开刀，从决策权、激励策略、信息因素、组织框架等DNA的基本构架方面来寻找组织肥胖的病因，并逐一找到根除病症的良方。

通常情况下，很多企业在控制成本、缩减开支方面，常常像大多数女性热衷于尝试各种速效减肥方式那样，希望一步到位，恨不得立刻实现快、狠、准的瘦身目标，例如全面压缩预算，减少组织机构，精简职位职能，尤其是万能秘籍——裁减人员。

不能否认，这些方法都是企业迅速减负的捷径妙招，但观其效果，却很难从本质上解决企业肥胖问题。企业虽然能从裁员中获得可观的利益，但裁员不可能从战略上解决持续瘦身的问题，更不能作为一种可持续战略长期实施。就像市场流行的多数减肥产品一样，减去的不是最该清除的脂肪，而仅仅是挤出了身体里积存的水分，不仅效果极差，而且弄不好还会引起可怕的副作用。企业这种砍伐式的招数，不单单是砍掉了脂肪，还会伤筋动骨。

那么，企业在减负过程中，到底要从何处下手，需要扔掉什么，减掉什么呢？前面我们已经提到，除了组织框架，决策权、激励策略、信息决策等来自企业DNA方面的因素，往往起着决定性作用。这些隐形的基因因素，才是造成企业浪费的诱因和源头。低效的流程、模糊不清的成本信息、碎片式的工作职能、信息不明的决策、错位的激励策略等等，无不是潜伏在肌体组织里的"刺客"，时刻对组织的效能痛下杀手。

因此，作为企业的管理者，必须关注导致企业肥胖的所有因素，不管是结构性还是非结构性的，都要通盘考虑，综合分析，系统操作，这样才能达到可持续的瘦身目的。

前面的一些章节，对结构性减肥和决策成本减肥，已经有过详细的论述，这一节说一说信息策略对企业减肥的重大影响。

企业在缺乏准确适当的信息情况下，虽然能够做到决策权的正确合理分配，但这种分配往往显得毫无意义，甚至适得其反，进而造成组织效率低下，产生更高的成本，加重企业的肥胖。例如，当无法获知企业内部清晰准确的成本信息时，业务部门就会感觉手中握着一张空白支票，可以随心所欲地大把大把开支，而不会顾忌成本问题。

很多企业管理者，常常觉得IT投入像个无底洞，扔进多少都难以得到回报，甚至连点响动都没有。那么，是什么原因造成这种局面呢？其实就是组织的成本信息策略出了问题，给整个组织构成单位造成了资源使用错觉，认为IT资源是天生就有的免费资源，人人可以尽情享受，而不需花费任何代价。如果一个企业从未对各个所属部门享用的企业总体资源要求回报，从未考虑将像IT这样的公共资源，投入分解到各个单元业务的预算中，并且不将其投入作为单元业务的一部分成本加以计算和考核，那么情况就会很糟。这种情况下，对于下属部门来说，可能就根本不去关心预算的合理性和成本控制，它们只有一个目的，就是最大限度地使用这些公共资源，以便使自己的工作能更好地完成。为此，企业公共资源成本节节攀升，浪费巨大，不断吞噬企业的现金流，最终导致企业运行艰难，就是必然的了。

【怎么办】

只要搞清了症结所在，解决这个问题并非难事。如果要控制公共资源成本，最佳的方法就是采取合理的信息策略，使资源成本透明化。即让每个部门都明确知道公共资源的成本，并且将公共资源的内部供应市场化，明码标价，有偿使用，使其纳入各部门单元业务的成本体系，这样，各部门就可以根据实际的公共资源需求进行自身的成本管理了。在源头上浪费的问题，就会得到遏制。

企业减负，该扔的扔，该减的减。但什么该扔、什么该减，作为企业的管理者，必须能清楚地看到这一点。

一语珠玑 一个成功的决策，等于90%的信息加上10%的直觉。

——S.M·沃尔森

法则44

也可以对冬天毫不在乎

——企业要有完善的应对措施

冬天，无论是广袤空旷的原野，还是炊烟袅袅的乡村，人们到处都能看到麻雀活蹦乱跳的身影。这种看似弱小的生物，对寒冷的冬天好像毫不介意。麻雀之所以能够在寒冬中顽强地生存下来，一定有其应对严寒的各种措施。它与燕子不同的地方在于：首先，它改变了饮食结构，冬天虽然没有虫子，但吃草籽谷粒也一样很香；其次，羽毛更能够抗拒冬天的严寒，实在不行，它们会选择温暖的地方栖息。正因为有了这一系列的保障措施，麻雀才能对严寒的冬天毫不在乎。企业也是这样，只要有完善的应对措施，也可以对冬天的风险不以为然，安稳地过自己的日子。

一般来说，每个企业都要面对以下的风险，即信息决策风险、市场风险，以及机制和流程风险。企业风险的爆发，可能是缓慢的，也可能是瞬间的，这就要求企业必须时刻树立风险意识，未雨绸缪，建立起完整有效的风险防御机制，制定出科学的风险应对措施。这样才能在风险爆发时，应对自如，把风险带来的损失降到最低，让企业顺利渡过难关。

【案例分析】

2006年初，刊登在《国际金融报》上的一篇文章《芝华士十二年："勾兑"了多少谎言》，将中国的芝华士推进一场品牌信任危机中。文章根据一位不愿透露姓名的"知情者"所了解的"芝华士12"成本信息，向芝华士的经销商——保乐力加中国公司提出了措辞极其严厉的四项质疑：

1. "芝华士12"成本："25元"缔造"亿元神话"？

2. 在华产品销售：中国市场没有真正的12年酒？

3. 全体员工赴英旅游：暴利下的奢侈？

4. 品牌价值："变了味道的水"？

一连串咄咄逼人的发问，瞬间把远离普通民众消费者的奢侈品洋酒芝华士拉下了"神坛"，"芝华士成本谎言"一时间成为网络、报纸、电视等众多传媒上最醒目的话题，迅速传遍了整个国内市场，芝华士在华信任危机全面爆发。

面对突如其来的危机，我们来看看芝华士方面是如何应对的。

就在文章刊登当天，保乐力加中国公司立即委托它的公关公司发布了新闻公告，指责《国际金融报》的文章毫无事实根据，要求对方予以澄清和纠正，并进行书面道歉。然后，公告对"芝华士12"产品的生产年份控制和成本构成做了比较详细的说明。

4天后，芝华士生产商保乐力加集团就以苏格兰威士忌协会的名义，通过《第一财经日报》向公众表示，"芝华士12"的年份是足额的。针对成本仅25元人民币的说法，保乐力加中国传播总监王珏透过媒体向公众透露："光增值税一项就超过25元人民币。"至于芝华士酒的总体成本，保乐力加公司出于商业机密考虑，拒绝向外界透露具体资料。

紧接着第二天，苏格兰威士忌协会、保乐力加中国公司、保乐力加集团下属的英国芝华士兄弟有限公司，在上海联合举行记者招待会，向公众重申"芝华士12"是用在橡木桶中醇化了至少12年以上的多种威士忌调和而成，不存在品质上的问题。

发布会上，保乐力加总经理，苏格兰威士忌协会首席主管、芝华士兄弟公司首席调酒师以及芝华士亚太区副总裁、英国驻上海总领事馆及欧盟驻华代表团代表等众多高层人物纷纷到场，现场接受记者询问。苏格兰威士忌协会、欧盟和英国驻华官员等人先后现身说法，从行业协会和政府组织的两个层面，表达了对芝华士明确支持的态度。

芝华士风波发生后，保乐力加公司之所以能在第一时间做出反应，主动出击，用最有效的措施消除风波对芝华士品牌造成的冲击，原因之一是公司强烈的风险意识和完善的应对风险的制度。风波出现后，如果公司无动于衷，被动应付，那结局可能就是芝华士品牌在中国市场的彻底崩溃。可见建立风险防范机制，对一个公司的存在和发展具有重要意义。

尽管目前对企业风险还没有明确的定义，但一般管理者都认为，企业经营过程中对未来事项预期的不确定性，和对企业业务目标具有关键性影响的因素以及自身的不确定性等等，构成了企业风险的主要方面。有利益存在的地方就有风险，以谋求利益最大化为己任的企业，风险无处不在、无时不在，这也是符合事物发展的客观规律的。企业风险多种多样、五花八门，主要分为内部风险和外部风险、局部风险和全局风险、短期风险和长期风险、传导性风险和非传导性风险，这些都是企业要面对和抵御的风险。而经济危机给企业带来的风险，属于典型的传导性风险，就像流行感冒一样，一家倒下，众多企业就会发生骨牌效应，纷纷落马。

企业对风险的防范，一般称为风险管理，其目的不外三个方面：

一、为了防止不能预见的损失，主要是通过对企业内、外部条件变化所带来的影响的评估，找到对高风险经营的风险预防和控制措施。

二、为了保证企业收益的稳定，企业主要是通过识别来源不稳定的收入，在制定预算和规划战略时，充分考虑这些来源不稳定的收入对企业经营的影响，并制订有效措施防止对企业有稳定来源的收入造成的负面冲击。

三、为了潜在利益的最大化。例如芝华士风波中，保乐力加公司采取的一系列措施和行动，就是为了阻止风波对芝华士品牌的冲击，把未来芝华士酒的销售损失尽可能降到最低。

【怎么办】

防范企业风险，进行有效的风险管理，最重要的是要建立风险管理体系。企业要将风险和资本结合起来进行管理，平衡控制风险的防范过程，不能因噎废食，为了防止风险就不断投资，或经历一次风险就偃旗息鼓，关门大吉。风险不可怕，可怕是风险发生前不能积极防范，风险发生后没有及时妥善的应对措施。

一语珠玑 微软离破产永远只有18个月。

——比尔·盖茨

法则45

麻雀拣食
——稳固与客户的关系

从小麦灌浆开始，成群结队的麻雀就落满了麦田地头的树梢，它们叽叽喳喳，不时俯冲下来，啄食刚刚泛黄的麦穗，仿佛是在参加一场盛宴。这样的情景几乎每天都在上演，直到小麦归仓，麦田被翻耕。而另一家卖米的小店周围，也有一群数量众多的麻雀长期聚集在那里，它们蹦蹦跳跳，一颗不落地拣食着散落在泥土地上的米粒，好像一点也不惧怕行人和过往的牲畜，一切都那么理所当然。渐渐地，这些麻雀和麦地、小店建立了一种长期稳定的关系，麻雀成了它们忠实的"客户"。

企业常常把顾客当成衣食父母，常常喊出"客户就是上帝"的口号。其实企业与客户的关系，远远没有这么简单，企业与客户，是相互依赖、相互矛盾又相互作用、互相促进的关系。

【案例分析】

日本有一家设在百万人口大都市里的化妆品公司，老板常常为如何赢得顾客青睐，进而提高市场占有率而绞尽脑汁。有一天，他看到一群高中生走在大街上，忽然眼前一亮，想出了一个好点子。原来，这座城市每年都有大量的高中毕业生，能为这些刚刚踏出校园的花季少女提供服务，把她们培养成自己重要的客户，那将是多么庞大的市场啊！于是老板想到了一个好点子，只要把众多的高中毕业生吸引到自己的商店里来，公司的业务就会蒸蒸日上！

这些刚毕业的花样少女，一身朴素走出校门，无论就业还是深造，都将脱掉单调的学生制服，学会修饰和装扮自己，迎接崭新的生活。老板了解这一情况后，立刻想到了应该如何满足她们的需求。他决定每年为这些即将走出校门的少女们，举办一次服装表演会，邀请少女们喜欢的明星和模特现场教她们一些美容技巧，用现身说法感染她们、影响她们、引导她们。每次表演会开始之前，那些即将离开学校的女生，都会收到老板以公司名义发出的参加表演会的请柬。请柬设计精巧，非常容易讨得女孩的欢心。表演会期间，老板会不失时机地宣传自己的产品；表演会结束后，他还会赠送给每位参加表演会的少女一份精美的礼物。

老板当然不会简单地浪费掉自己花费很大代价制造的机会。其实，表演会结束时赠送的小小礼品非同一般，暗藏玄机。在这份礼品中，常常会附着一张申请表，申请表上写着："如果您愿意成为本公司产品的使用者，请您填好申请表，亲自交回本公司服务台，您就可以享受到本公司更多优厚的待遇，包括参加表演会、联欢会、特惠价格购买产品等内容。"那些应邀的少女，除了能欣赏到精彩的时装表演，学习到美容的技巧，还能得到精美的小礼物，因此大部分少女都会对这家公司产生好感，主动交回申请表。事实上，她们交回申请表时，或多或少都会捎带选择一些化妆品买回去。公司把这些申请表按学生家庭所在区域，逐一登记，分门别类装订成册，事后根据申请表定时联系问候，随时为她们提供咨询和产品服务，满足她们的化妆打扮需求。据说，每年参加表演会的人数，约占应届毕业女生总人数的90%左右，其中很大一部分都会成为公司的忠诚客户。

一般来说，根据二八定律，一个企业的总销售额中，20%的忠诚客户往往会贡献80%的销售率，而剩下80%的普通客户则分摊了剩下的20%销售率。因此，拥有多少忠诚客户，往往决定了这个公司的发展状况。可以这么说，忠诚客户主宰了公司的命运。道理人人都明白，可是企业想真正获得较多的忠诚客户，并不是一件容易的事情，并非一朝一夕就能办到。

总结日本这家公司老板在培养忠诚客户这方面的做法，会给人很多有益的启迪：

一、善于发现潜在的客户，了解那些即将走出校门的高中女学生的心理需求。即将毕业的女孩将脱去校服走向社会，希望透过修饰和装扮改变自己的学生形象，使自己变得更成熟、更漂亮，以便能更好适应今后的社会生活。可是她们往往又不知道怎么打扮和修饰自己，更不知道去哪里咨询，害怕弄巧成拙。公司举办的表演会和名模的美容讲解，不仅消除了她们的顾虑，而且进一步激发她们的爱美之心。在她们开心快乐之余，熟悉并欣然接受公司的产品也就是自然而然的事了。

二、通过富有创意的策划，达到了事半功倍的效果。老板组织的服装表演会和邀请名模来讲解美容技巧，可谓是神来之笔，正是这富有创意的策划，使即将毕业的少女们参加公司举办的时装表演会成为一种时尚。无形中，他就把公司潜在的客户吸引到了自己的公司里来，并且影响到了后来一届届的毕业生，使自己的客户群源源不断地涌来。

三、改被动等待顾客上门为走出去、请进来，主动培养忠诚客户。一般企业为了获得忠诚客户，往往采取广告、宣传等手段，把自己的产品和服务介绍给广大的消费者，然后就等客户自动上门。客户认可了产品，买的次数多了，就成了忠诚客户。但这是一个被动等待的过程，由于企业没有新的客户源可供选择，无法采取主动措施将新客户牢牢锁住，新客户成为忠诚客户的概率，自然就比较低。而日本这个老板，一改传统的被动吸引、等待，主动拉拢、收买和培养，通过表演会主动把客户吸引过来，以申请表、各种优惠政策等将其牢牢锁住，这样就能培养出一批又一批忠诚公司的客户。

【怎么办】

企业和客户的关系，是鱼和水的关系，其性质就是共生互利的关系。企业如何稳固与客户的关系，不断开发培养自己忠诚的客户群，不仅是企业利润多少的问题，还关系到企业的生存和发展问题，是企业文化的主体部分。科学的客户管理，是现代企业家们必须学会的一门功课。

一语珠玑 品质是维护顾客忠诚的最好保证。

——杰克·韦尔奇

法则46

做最后的胜利者

——勇于淘汰以往的自己

【趣闻快读】

很多人都听说过这样一个故事，两个鞋厂的推销员到一个荒岛上推销鞋子，到了岛上，他们立即给各自的鞋厂发回了电报，甲厂推销员说："简直棒极了，这个岛上所有的人都没有鞋穿，市场潜力巨大，我将留下来推销。"乙厂推销员的电报是："糟糕透顶了，岛上根本没人穿鞋，没有市场，我即刻动身返回。"故事就此打住，结局如何，人们不得而知。但是，按照事物发展的规律，不妨做如下推测。

第一种情况可能是，如乙厂推销员所述，岛上根本没人穿鞋，虽然甲厂耗费巨资进行市场开发，但由于产品不对路，始终无人问津，造成甲厂产品大量积压，资金链断裂，最后不得不宣布破产。

第二种情况可能是，经过甲厂推销员对市场的积极开发，使岛上人了解了穿鞋的好处，纷纷购买甲厂的鞋子，使甲厂生产销售蒸蒸日上，赚取了巨大的利润。而乙厂由于市场开发失败，产品无处销售，导致关门大吉。

第三种情况较为复杂，甲厂耗费巨资开发出岛上市场后，岛上人人都开始穿鞋，使鞋子需求量大增。乙厂看到这种情况后，立刻跟进。由于甲厂开发市场投资巨大，产品成本加大，造成价格昂贵，而乙厂成本较低，价格便宜，很快就与甲厂平分秋色。最后乙厂将甲厂赶出，自己独霸了岛上市场。甲厂只做了乙厂的铺路石，很快销声匿迹。

第四种情况更为复杂，甲厂耗费巨资开发出市场后，预见岛上是个巨大的潜在市场，于是与岛人签订了垄断销售协议，垄断了岛上的鞋子经营权，自己独霸岛上市场，使乙厂只好望岛兴叹。

　　第五种情况最为复杂，甲厂垄断经营一段时间后，由于没有竞争者，品质逐渐下降，价格逐渐昂贵，导致岛上消费者不满，相关部门制定颁布了《反垄断法》，取消了甲厂的垄断经营资格。于是乙厂趁机进入，与甲厂展开了激烈的竞争，由于甲厂经过垄断经营，累积了巨额资本，加之长久的生产，技术力量雄厚，不断开发新鞋子，并采用低价销售战略，导致乙厂虽然获得了一定的市场占有率，分得一杯羹，但始终无法超越甲厂，只能做个追随者。而甲厂成为岛上的标杆企业，甲乙两厂慢慢维持住一个相对稳定的格局，共同生存发展了下来。

　　这五种情况，其实就推演出了商品经济发展到今天的整个演变过程。在商品经济形成的初期，情况往往比较简单，谁是最后的胜利者也常常能一目了然。而发展到如今阶段，情况就变得越来越复杂了，往往在每一个行业都形成了具有相对稳定地位的标杆企业。他们是行业的领军者，规模庞大，资产雄厚，技术先进，人才济济，并已形成了自己的企业文化和独特的经营之道，如可口可乐公司、麦当劳、迪士尼等。标杆企业的存在，使竞争有了内在的驱动力，加速了行业的竞争和发展，有利于市场不断拓展，有利于产品的不断丰富和更新，对保证产品品质也起了稳定和促进作用。标杆企业的存在，使人们已经无法用投入和产出的比例来衡量企业的成功与否了，尤其是资本经营时代，用最小的投入获得最大产出的概率已经非常小，高投入高产出成为一种普遍原则。追随者想超越标杆企业，已经不单单是投入的问题了，还包括长期的企业文化积淀、技术力量累积、信息多元、市场规则改变等众多因素。

　　当然，追随者的追随行为，也有利于产业的提升和拓展，同时因为追随效应，也使标杆企业建立的标准显得愈发重要，其领先的地位会更加巩固。由于标杆者的示范作用，在利益的驱动下，会有很多企业追随着标杆企业的脚步，进入标杆企业所在的行业，并效仿标杆企业，试图借助标企业的余荫分得一杯羹。但只要与标杆企业处于同一市场，与标杆企业共同竞争，效仿者一般只处于二三流的地位，只能作为替补的角色而存在，永远处于被动的追随者之列。

经济危机给追随者超越标杆企业带来了机遇。市场的萧条，购买力的严重下降，大大压缩了双方的市场空间，使追随者与标杆企业的市场差距大规模缩小，几何级的倍差往往变成了一位数的距离。尤其在区域市场，面对市场格局重新洗牌，如果追随者集中优势兵力各个击破，就有可能在局部形成优势，超越标杆企业。同时，危机的到来，也会使消费者的消费心理发生变化，追随者的相对标杆企业的劣势，有可能转化为优势。追随者完全可以通过产品升级，颠覆旧有的市场秩序，在混战中发挥自己灵活机动的优势，获得发展先机。当然追随者自己此时一定不能犯错，同时要等待标杆企业犯错的机会。一旦标杆企业犯了错误，就立即抓住机会，揭竿而起，趁机蚕食标杆者的领地，扩大自己的地盘。这时追随者对标杆企业的打击，一定是精确打击，不能出现任何偏差，必须一击致命，才能彻底把标杆企业击败。

经济危机中，企业的竞争更加激烈，无论是标杆企业还是追随者，都要勇于淘汰自己。所谓淘汰自己，就是勇于舍弃自己落后的技术和产品，及时升级换代，谁的产品创新快、升级快，更早填补消费者的需求空白，谁就会先入为主，成为市场的龙头老大。

【怎么办】

比、学、赶、超，企业的竞争，永远存在先来后到和大小之别。谁犯的错误少，谁的技术产品更完善、更能满足消费者需求，谁的资讯更灵敏，谁的营销更有力、更对路，谁就会在经济危机后建立的新市场格局中抢占有利地位。

一语珠玑 可持续竞争的唯一优势来自于超过竞争对手的创新能力。

——詹姆斯·莫尔斯

法则47

变色龙伪装
——根据消费心理进行创新

变色龙是一种善变的树栖类爬行动物，也是自然界当之无愧的伪装、拟态高手。为了逃避天敌的侵犯和更好地接近自己的猎物，它会在不经意间改变身体颜色，迅速地将自己融入周围的环境，然后一动不动地潜伏在那里。雄性变色龙会把暗黑的保护色，瞬间变成鲜艳夺目的亮色，或者把融入植物之间的绿色变成醒目的红色，以此威吓敌人退出自己的领地。这一生理变化的原因，是变色龙在体内自主神经系统的调控下，通过皮肤里的色素细胞的扩展或收缩来完成的。变色龙这一习性使它能躲避天敌，同时还起到传情达意的作用。

变色龙的习性，是一种为了适应环境、不断创意的结果，这给了企业很多的启示。著名的可口可乐，其产品品质几十年没有什么变化，但为了给人一种可口可乐一直在变的感觉，每隔几年就要对可口可乐的外包装进行一次改进。虽然每次变化都不大，但如果把几十年的产品放在一起，就会发现期间的变化其实特别大，每次都是为了适应人们不同的需求心理而做出改变。这种方法就是模仿变色龙进行的改进包装创新法，即所谓的新瓶装旧酒。这种办法在啤酒业也非常盛行，啤酒由于受运输条件所限，很多品牌都是区域性产品，生产和销售一般都局限在很小的一个区域内。消费长期饮用一个品牌，难免会产生视觉疲倦，求新求变的心理就会产生。为了满足消费者这一需求心理，啤酒厂商往往会不断地改进啤酒的外包装，在包装外观、颜色、材质等方面，不停地寻求变化，使产品能时时刻刻地保持着稳定的市场占有率。

企业的生命力是创意，没有了创意，企业就难以生存，这几乎是老生常谈。可是，为什么有些企业还是无法做到呢？其实这就是一个产品在消费者心中的定位问题。不明白消费者的需求心理，不能根据消费者需求心理进行产品和服务创意，就永远找不到创意的有效途径，达不到创意真正的目的。

【案例分析】

没有人不知道可口可乐那带有曲线美的瓶子是专利保护产品，无独有偶，一家成立不久的小公司Built NY，也于2006年申请到了一个类似的外包装专利保护产品。这项专利产品非常简单，就是可装两个瓶子的袋子，但这看似简单的袋子却有神奇之处，那就是袋子独特的外观。

这项专利是由公司的三个创始人创意设计的，家具设计师斯沃特、罗恩和他们的生意伙伴韦斯。创意来自于一个酒类进口商的一次设计业务。一次，一位酒类进口商找到斯沃特和罗恩，请求帮忙设计一种装酒的皮质提袋，要求设计出来的产品既要外形美观，又能起到保护酒瓶，使之不被碰坏的作用。任务完成后，产品突然给了斯沃特和罗恩创意的灵感，他们立即想到，很多人经常需要带着酒参加宴会，却常常苦于找不到一个新潮实用又价格便宜的袋子，我们何不自己设计一个，满足人们的这种需求呢？说做就做，很快他们就找到了合适的材质，一种制作潜水衣的材料氯丁橡胶，这种材料隔热绝缘，柔韧性好，色彩也比较鲜艳，做成袋子不仅可以有效保护酒瓶不被撞破，而且美观大方，简洁实用。由于袋子本身比较简单，制作工艺并不复杂，材料成本也不高，零售价格还不到20美分，非常便宜，所以刚一面世，立即受到了人们的欢迎，很快成为市场的热销品。这个小小的创意产品，为他们三人带来了众多的奖项，包括2004年的杰出工业设计金奖等。纽约现代艺术博物馆礼品商店，甚至将这不起眼的袋子当成艺术品出售，可见其在人们眼里的艺术价值。

这个小小袋子的热销，让精明生意人韦斯很快意识到了其中潜藏的巨大商机，这款袋子不再是一项简单的设计，而且是一次成功的创意，一项具有独特价值的知识产权，并已经成为企业的标志。于是，他们立即申请了专利保护，使他们的公司一跃成为拥有自己的专利产品和自己独特品牌的知名企业。

企业创意，就是为了满足人们不同的消费需求。由于消费者都是一个个独立的个体，对产品的品牌、性能、品质、款式、包装、价格等因素的喜好不同，加上收入水准的限制，会有着不同的消费心理和消费需求，因此就形成了不同的消费群体。单从价格来说，常常有高价消费群、中价消费群和低价消费群三个层次。与之相对应的，就会出现高价产品、中价产品、低价产品三种价格的产品。企业的创意，要根据这三个层次的不同需求，进行不同的创意。每一层次的产品，各个方面都要符合这一层次消费者的消费需求。从产品品质、规格、款式、包装、广告营销策略，甚至到服务方式，都要定位在同一水准线上，价格、产品、服务等，尽量做到整体统一，全方位符合档次要求。这是一个综合系统工程，各个方面都要与产品价格定位相匹配。

创意就是为了深化产品概念，强化产品与消费者之间的忠诚关系，所以随着产品与消费者的关系不断深化，产品必须时刻进行创意。用崭新的创意巩固加深消费者对产品的印象，不断提高消费者对产品的忠诚度。只有如此，一个知名的品牌才会在消费者心中逐渐被竖立起来，并发生大规模的辐射扩散作用，企业也就因此而受益。

【怎么办】

没有创意就无法生存，每一个企业，都应该把创意作为企业工作的重点。尤其是在经济危机中，只有创意产品，才能在严峻的市场上存活下来，也只有创意产品，才能在经济危机后一枝独秀，发展壮大。

一语珠玑 不创新，就灭亡。

——亨利·福特

第十章

**严冬迟早过去，
做好迎接春天的准备**

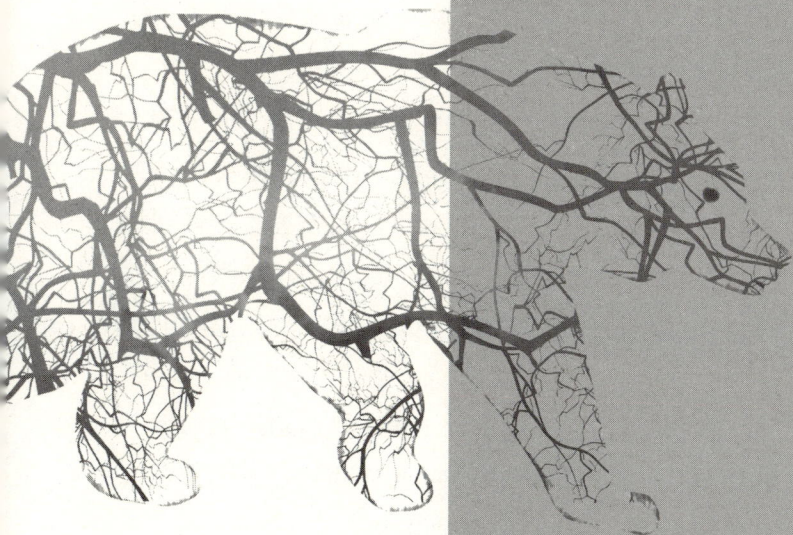

法则48

春江水暖鸭先知

——感知经济春天来临的讯息

惊蛰春雷响，农夫闲转忙。随着春风吹来，春天的脚步近了，小草伸出尖尖的脑袋，破土而出；娇小的花蕾含苞待放；细细的雨丝扯着如烟似雾的纱巾，缓缓飘落；那些藏了一冬的鸟儿，上下翻飞，唱出了欢乐的歌；孩子们脱下捂了一冬的棉衣，欢笑着在大街小巷里穿梭……春江水暖鸭先知，春天眼看就要到了，你嗅到春天的气息了吗?

对于企业来说，也许这个冬天过于漫长、过于寒冷了，所以它们对于春天飘来的丝丝缕缕的资讯，有些迟钝，有些麻木。尽管人们对经济危机的走势纷纷进行预测，但春天何时能来，没有人能给出确切的答案。对于经济趋势，有人预测是V形，快速地跌落，又快速地攀升上去，持续时间也就三五个月；有人预测是U形，跌落谷底的时间要长些，一年或者两年；有人则比较悲观，认为是L形，三年五载才会有盼头。但不管多久，寒冬都会过去，春天都会到来。因为人类要生存，要发展；生活要继续，要进步，要提高。经济危机把世界经济多年沉积下来的弊端，集中释放了出来。毁灭已经开始，新生正在酝酿。作为危机中艰难生存下来的企业，不仅要为生存殚精竭虑，寻找食粮，还要为春天的到来，做好苏醒的准备。不能只顾冬眠而对外界悄然而来的信息木然不觉，要像熊一样，冬眠中也时刻感知着气温的细微变化。

要感知春天的气息，企业就要具备敏感的嗅觉。所谓企业灵敏的嗅觉，就是要在看似平常的气氛里，对来自新鲜事物的每一丝异样的资讯保持敏感和警惕，随时准备用自己的预判能力，捕捉一闪而逝的机会。

【趣闻快读】

从前，一个穷汉为了生存，在路边架起炉子摆摊卖汉堡，由于没有文化，又不识字，所以他从不看报纸；他的听力很差，因此也不听广播；加上视力很弱，他更不看电视。对于这个缤纷复杂的世界来说，他简直就是聋子和瞎子，对外面发生的一切茫然无知。但他吃苦耐劳，工作特别肯卖力气，烤出的汉堡好吃又便宜，很快就打开了销路。接着他采取了一些优惠政策，吸引了更多的人来买他的汉堡，销量和利润一下子又增加了很多。于是，他购进了更多原料，烤出更多的汉堡，销售出了更多的产品。一个人忙不过来了，他就雇请了几个员工；一个炉子不够用，他就添加了一个更大更好的炉子；有顾客不方便前来购买，他就送货上门。他的汉堡越卖越多，名气越来越大，没过多久，他就赚取了一笔可观的财富。

正当他的生意越做越大、买卖越来越红火的时候，赶巧他的儿子从大学毕业，没有找到什么工作可做，就过来帮助他一起卖汉堡。有一天，他的儿子问他："父亲，你不知道经济危机要来，经济大萧条要开始了吗？"他茫然不知，回答道："我不知道，你说说是怎么回事。""现在国际经济形势非常不好，国内经济更是糟糕透顶，企业纷纷倒闭，大量产品积压，物价急速上涨，人们根本买不起东西了。"儿子说得不急不缓，头头是道。他听后惊讶地问："那我们应该怎么办？"儿子回答说："我们应该为经济大萧条的到来提前做好准备，压缩开支，节约成本，缩小规模，保存实力。"那人听了儿子的话，仔细思索了一下，认为儿子有知识、有文化、脑子好、资讯多，见多识广，他说的一定不会错。于是，他果断采取措施，减少了原料和小面包的进货量，并摘下了一个个彩色的广告牌，裁减辞退一些员工，不再对顾客提供优惠服务，停止送货上门。没过多久，果然儿子说的情况出现了，来买他汉堡的顾客越来越少，销售和利润急速下滑，不到半年时间，汉堡店就门可罗雀，最后只好关门了。

面对这种情况，他佩服地对儿子说："孩子，你说得对啊，多亏我们提前做好了准备，否则不知道要造成多大的损失！"儿子更加自信地说："我们正面临着严重的经济危机和经济大萧条，很高兴之前提醒过你，很高兴你能听取我的建议，提前采取果断的措施。"

这是一个满含辛酸的故事。经济危机到来，很多人被经济危机的声势震懵了头脑，失去了自己的嗅觉，没有了自己的判断。

嗅觉关乎企业的生死存亡。这就要求企业保持灵敏的嗅觉。这样，企业才能嗅出春天的气息，嗅出即将到来的商机。那么，企业应该怎样保持自己嗅觉的灵敏性呢？

第一，要像天气预报一样，建立自己的观察系统，时刻把握整体经济的风向。一有风吹草动，就要密切关注其发展变化。

第二，把自己的触角尽量贴近百姓生活，时刻感知消费者的需求心理，发现消费者新的需求和新的走向。

第三，要建立自身灵敏的市场探测器，及时探测到市场角角落落潜藏的新创意和新产品。这些创意和产品一经启动，就预示着万物即将开始复苏。

第四，要瞪大眼睛盯紧本行业的标杆企业，他们的行动，就是风向标。标杆企业船体大，行动缓，提前起航往往是他们惯常的策略，一旦他们开始行动，那么离春天序幕的拉开就不远了。

第五，密切关注自己产品的市场反应，丝丝缕缕的迹象都会反映出气候的变化。

综合以上各方面的因素，并进行准确判断，这样做出的决策才有可能是正确的。

【怎么办】

雪莱说，冬天来了，春天还会远吗？不错，有低谷就有高潮，有危机就有繁荣。及时地嗅到春天的气息，准备好自己的种子，抓住季节，适时播种，任何企业，都会在春风中萌发出自己希望的嫩芽。

一语珠玑 春天的意志和暖流正在逐渐地驱走寒冬。

——纪德

法则49

不做啃草的兔子

——善于累积和储备软实力

松鼠靠储备的松子等食物度过漫漫的冬天，而兔子只能冒着严寒和生命危险，四处奔波，靠啃食枯草过活。这就是有没有累积和储备的区别。企业也是如此，没有足够的累积和储备，要熬过经济寒冬，也不是一件容易的事情。所谓累积和储备，一般人认为就是累积资金，储备人才。这当然没错，这些我们也在前面已经讲过。但除此之外，还有更关键的累积和储备。靠累积的资金，企业熬过了漫漫寒冬，当闻到春天的气息时，企业就应该扔掉棉衣，开始播种了。那么，企业靠什么买地开荒，播种希望呢？当然是企业的软实力。所以，春天即将到来前，累积和储备企业的软实力，对于企业走出严冬后的发展，有着非常重要的作用。

企业软实力，是一种企业长期累积的、能够开创未来的内在能量。这种软实力不单单是靠企业长期的产品生产经营累积起来的，更是企业的文化、企业的理念、企业的组织，以及企业对外在环境的适应方式所起作用的综合结果。因此，软实力具有很大的不确定性、模糊性和混沌性。但企业用软实力开创的未来却是可预见的，这种可预见性又导致企业未来战略具有高度的确定性。

全球经济日趋一体化和开放化，这种情况下爆发的经济危机时所带来的高风险和不确定性，是任何其他时期所无法比拟的。在如此大的不确定性面前，企业并非无能为力，因为变化就意味着挑战，挑战就意味着机遇。经济危机中混乱的环境，更加考验企业的生存理念，考验着企业软实力的开放、包容、吸收、消化能力和可持续性与成长性。正是企业软实力具有的不确定性、模糊性和混沌性，才既有可能使原本强大的企业在危机中不堪一击，也有可能使一些相对弱小的企业异军突起，后来居上，实现跨越式、超常规发展。软实力的不确定性就是一把双刃剑，不仅考验着企业对未来的预见能力和环境的适应能力，还最终考验企业的生存智慧和发展后劲。

所以经济危机结束后，企业冲击市场、占领市场的竞争，主要是软实力的竞争。

【案例分析】

人人都知道巴菲特喜欢收购企业，不喜欢出售企业，但鲜有人知道他对那些技术变化很快、拥有大型工厂的企业，常常敬而远之。

巴菲特缔造的伯克希尔公司，有一半以上的净资产来自于10次左右的重大投资收购。他总是在经济困难时期，以低廉的价格收购，然后长达十年、数十年持有，直到经济振兴的那一天来临。他是一位马拉松式的投资高手，当机会来临时，绝不放过，并且四处出击，力图收购到一个更大更好的企业。

除了企业、股票、债券这些有形的资产，巴菲特当然还有更珍贵的东西。

伯克希尔的股东们常常会看到这样一个大特写：你的合伙人巴菲特，正在为你勤奋工作，他没有利用股东们的共同资产，为自己树立任何纪念物，巴菲特大厦、巴菲特高塔、巴菲特机场、巴菲特动物园，没有，什么也没有。

尽管巴菲特名声赫赫，伯克希尔公司业绩辉煌，但华尔街很少有人把伯克希尔股票当回事。既没有哪位证券师关注它、跟踪分析它，也没有股票经纪人把它推荐给投资者。更没有媒体想起它还是一种股票投资品来加以报道，甚至它都未曾进入蓝筹股公司的名单里。

伯克希尔公司的年报都是由巴菲特亲自撰写，在那些看似普通的年报里，没有照片，没有曲线图，但它文风独特，妙趣横生，充满了对商界和人性的洞察和其他公司年报所缺少的坦率，智慧和思想的火花随处可见。年报文采斐然，精辟地评述公司所拥有的主要资产，以及公司投资价值10亿美元以上的那些美国优秀企业。这简直是一次知名企业的盛大展示会，包括可口可乐、吉列公司、美国运通、富国银行、《华盛顿邮报》公司、穆迪公司和布洛克公司等等大名鼎鼎的企业，都会赫然在列。

再看看公司非常特别的股东年会。数万名来自世界各地的股东，每年春天，都会像朝圣般涌向投资圣殿奥马哈。巴菲特往往撇开公司业务不谈，仅仅用不到10分钟时间开会，然后用整整一天的时间，亲自回答股东们的提问。

不爱抛头露面，不喜欢个性张扬，保持生活低调，这就是巴菲特，一个把生活准则描述为"简单、传统和节俭"的巴菲特。

巴菲特是成功的，他的成功就在于他的软实力——"简单和永恒"。不管经济形式如何变幻，他都奉行最简单的原则，从生活到工作，从理念到事业，时时透着简单，事事奉行简单。

【怎么办】

春天的气息已经越来越浓烈，寓示着企业即将迎来一个剧变的时代。要想在春天求得生存和发展，必须积极主动地累积和储备相对的能量和足够的软实力。"春种一粒粟，秋收万颗子"，只有这样，才能在新一轮的竞争中，争得发展的先机。

一语珠玑 我们也会有恐惧和贪婪，只不过在别人贪婪的时候我们恐惧，在别人恐惧的时候我们贪婪。

——巴菲特

法则50

暖棚带来的启示

——量力而行，提前复苏

北方的冬季，虽然寒冷但也有温暖如春的地方，例如花农的暖棚。那里就是人工创造的小小的春天，暖棚里百花盛开，争奇斗艳，一幅春天的美丽图画。企业在经济形势乍暖还寒时，也可以建一个暖棚，为企业的成长创造先机。

搭建自己的冬暖式大棚，对于企业来说并不是新鲜的话题，美国经济大萧条时期，很多企业之所以能保持旺盛的活力，不仅没有被环境击垮，反而一步一步发展壮大了起来，无疑是与自己营造的小小的春天有一定的关联。危机结束前，怎样才能搭建一个合适的冬暖式大棚呢？首先，要选准合适的土地，也就是适合自己产品销售的优质消费区域。即使是处女市场，只要市场潜力巨大，前景广阔也可以。其次，搭建大棚，积聚温度。主要的做法就是为自己的产品造势。即通过有效的广告宣传、营销活动等，在自己选中的区域内营造产品出生的气氛。所谓"千呼万唤始出来"，这个时期要做的就是"千呼万唤"，要让消费者知道自己的产品、熟悉自己的产品，为产品的出生做好铺垫。最后，一切准备就绪，待时机成熟，就要适时隆重推出自己的产品。这时要切记，第一印象非常重要。所以，怎样让自己产品一亮相就抓住顾客的心，非常重要。既要博得顾客的好感，又要赢取顾客的信任。这一时期，可以向顾客免费赠送自己的产品，让顾客不花费任何代价就可以享受到新产品带来的新体验；进而以点带面，树立榜样，使自己的产品立住脚、扎下根，并能开辟一片根据地。一旦大地回暖，春风劲吹，拆掉大棚，你的田地就已经姹紫嫣红了。

【案例分析】

19世纪末，美国两家报纸《世界报》和《新闻报》为了争夺读者、提高发行量，纷纷采用讲故事的办法拉拢广大民众。新移民、妇女、底层民众的生活等内容，常常是新闻故事的主角。由于这些故事贴近生活、真实生动，两家报纸都深受读者的欢迎，成为纽约最畅销的两大报纸。同时，这也让双方的竞争更加激烈，为了能压制对手、击败对手，两家不约而同把目光瞄准了一个能制造巨大新闻热点的事件——战争。

当时，美国周边的古巴、波多黎各等国，均属于西班牙的地盘，众多的美国侨民生活在那里，美国商人也经常在这些地区出入，进行商业贸易。1895年3月，古巴爆发了反对西班牙殖民统治的武装起义，在这场战争中，很多美国侨民受到了西班牙军队的不公正待遇。对于两家报纸来说，这无疑是天赐良机，它们近乎疯狂地盼望美国参战。同时，还派出大批记者深入古巴腹地，挖掘各种新闻故事，煽风点火，以激起美国民众的反西情绪，促使美国早日参战。

有五个故事最具有代表性：

第一个故事，叙述了西班牙政府为了阻止古巴人民支援古巴起义部队，把全部百姓抓进集中营，40万百姓在集中营中因为饥饿和感染瘟疫被夺去了生命。

第二个故事，讲的是古巴有个美丽的姑娘叫阿让，西班牙军队怀疑她同情古巴起义军而将她驱逐出境。出境检查时，好色丑陋的西班牙军人竟然强行对其脱衣检查。为了增加真实感和可信度，《新闻报》还为此专门配上了精心绘制的图片。

这两个故事立即引起了美国百姓对古巴的同情，纷纷谴责西班牙的暴行和犯下的罪恶。

接着报纸讲述了第三个故事，古巴总统的侄女埃文赫利娜十分漂亮，不幸被西班牙占领军的一个军长贝里兹盯上，贝里兹兽性大发，企图对她进行强暴，被恰巧赶来的3名政治犯救下。结果，埃文赫利娜被判处20年监禁，理由是她指使3名政治犯刺杀西班牙军队长官。这个故事一经刊登，立即引起了美国人的关注，当天就有15万美国人聚集一起，签名要求释放少女埃文赫利娜，大批的社会名流也开始向西班牙女王请愿抗议。

第四个故事就更加独具匠心了。故事说，古巴起义军偷到一封写给西班牙军队首脑的一封信，写信人是西班牙驻美国大使杜普侬·德·洛梅，打开信件，内容令人大吃一惊，信中杜普侬大使痛述美国总统麦金莱是个愚蠢的傻瓜，十足的笨蛋。美国人被彻底激怒，求战呼声四起。

第五个故事就将美国民众的情绪推上了高潮，最终迫使美国政府不得不对西宣战。1898年2月15日，停泊在古巴哈瓦那海面的美国军舰"缅因号"，突然发生爆炸，断裂沉没，军舰上354名官兵，有266人不幸丧生。两家报纸口径非常统一，一口咬定这事肯定就是西班牙人做的，因为只有西班牙人才会这么嚣张。这一次，美国民众彻底疯狂了，整个国家一片求战呼声，迫使原本坚持和平外交手段解决古巴问题的美国政府，不得不向民众狂热高昂的战争情绪低头。1898年4月11日，美国总统麦金莱宣布，对西战争开始。

美西爆发战争爆发前，《新闻报》派驻古巴的采访记者曾发回这样一份电文："一切平静，没有战争。"报社立即电令："你给我新闻故事，我给你战争。"这就是新闻史上最负盛名的电文，可见造势对事物发展的强大推动力。

两家报纸为了自己的发展，用故事激起民众的愤怒，促使民众上街游行、集会、示威，营造战争的气氛，最终导致美西战争的爆发。接着通过对战争的全面报道，牢牢地抓住了民众的目光，使报纸发行量激增，达到自身利益最大化的效果。这里且不说报纸的政治目的，仅就报纸发行量而言，就是一个典型的为自己创造春天的案例。

【怎么办】

如果企业准备好了核心业务，具有了核心竞争力，已经积蓄了春天破土发芽的力量，那么，就应该提前行动，造一座暖棚。当春天到来的时候，别人刚开始播种，你就已经枝繁叶茂、花蕾满枝，那么，提前收获丰硕的果实，也就顺理成章了。

一语珠玑 如果一开始我们就是最棒的，那么以后也将一直走在别人前面。

——格兰特·廷克

法则51

蛹化成蝶
——选择合适的时机和环境

蝴蝶是美丽的，而其化蝶的过程却充满了艰辛。化蝶前数十天，蛹的身体内部就开始发生剧烈的变化，它一边破坏掉幼虫的旧器官，一边生成新的器官。只有完成这一系列痛苦的改造后，它才能蜕掉蛹壳，让人们看到激动人心的那一幕奇观。

企业经历了经济寒冬中艰难的生存挣扎，终于熬到了春天就要到来的时刻。在这个时候，企业应该做些什么准备呢？等待，等待合适的时机；选择，选择合适的环境。只有合适的时机才能使化蝶顺利进行，只有合适的环境才能保证化蝶的安全。只有在合适的环境，选择合适的时机，才能使企业顺利打开市场，展翅高飞。

【案例分析】

1803年8月，远在美国的年轻发明家富尔敦，获悉拿破仑皇帝正准备率领法兰西精锐之师，越过大西洋上的英吉利海峡进攻英国，不由得激动万分，远涉重洋来到法国，向拿破仑皇帝推销自己发明的蒸汽动力船。富尔敦充满激情地向拿破仑介绍蒸汽动力船的好处，他说："可以砍掉法国现有战船的桅杆，撤下笨重的风帆，装上有强劲动力的蒸汽机，把木头船板换成铁板，组建一支由蒸汽机做动力的钢铁舰队。这样无论什么天气，都可以顺利航行，随时可以在英国登陆。而且用钢板造船，坚固耐用，能够抵御敌人火炮攻击，会大大增强法军的战斗力。"拿破仑听了哈哈大笑，认为富尔敦是个疯子。拿破仑认为，军舰没有风帆是多么荒诞不经的事情。没有风帆，军舰根本无法航行，而且将木板换成钢板，重量会大增，军舰就会沉没。拿破仑把富尔敦的说法当成了笑话，并赶走了他。拿破仑赶走了富尔敦，也赶走了自己的胜利女神。后来，英国历史学家阿克顿评论说，正是拿破仑这一缺乏远见卓识的行动，才使得英国在当时的欧战之中得以幸免，如果拿破仑接受了富尔敦的建议，用蒸汽动力船武装自己的军队，那19世纪的世界历史，也许会是另一个模样。

时间转眼到了1939年8月，世界再次爆发战争，爱因斯坦等一些热爱和平的科学家联名给美国总统罗斯福写信，建议美国加快核武器的研制工作。此时希特勒领导的法西斯德国正在紧锣密鼓地研制核武器，如果落在法西斯的后面，那将是世界人民的灾难。信是由时任白宫经济顾问的萨克斯亲手转呈给罗斯福总统的，萨克斯借机向罗斯福进行了游说。可是，罗斯福总统对研制核武器根本无动于衷。后来，萨克斯在与罗斯福总统共进早餐时，向罗斯福总统讲述了当年拿破仑拒绝使用蒸汽动力船武装军队的故事，并介绍了英国历史学家阿克顿对此事的评价，罗斯福瞬间被这个故事打动了。从此，美国快速启动了核武器的研究实验，并让狂妄的日本第一次尝到了原子弹的滋味，提前结束了第二次世界大战。

这个故事充分说明了合适的时机与合适的环境对实现目标的重要性。经济危机摧枯拉朽般的打击，使经济一片萧条，处处是断壁残垣的破败景象。但是，有破就有立，处处荒凉，就处处潜藏着机遇。这时，企业就应该做好抓住机遇的各种准备。要像富尔敦一样准备好自己的核心业务，并为自己的核心业务撰写美妙动人的故事。接着，要像富尔敦那样善于捕捉丝丝缕缕传递而来的信息，然后大胆地去寻找新客户。找到新客户后，就不能像富尔敦那样错失良机了，而应该向萨克斯学习，选择合适的时机，为顾客讲述关于自己产品的故事，用故事打动顾客，让顾客认可自己产品，进而实现自己的目标。

当然，企业把握机遇的能力并非天生具有，先哲早已说过，机遇总是眷顾那些有准备的人。企业要具备敏锐的观察力，就要建立自己完善的情报系统，拓宽各种信息来源渠道，在纷繁复杂的信息里，甄别出与企业有关，或企业需要的信息，从庸常中嗅出机遇的蛛丝马迹。有了信息还要准确判断，根据自身的情况，判断出机遇的价值，进而根据机遇的价值做出决断。做出决策后，就要考验企业的执行力了，执行力如何，直接决定事情的成败。

【怎么办】

常有人说，机遇面前人人平等。其实不然，相同的机遇会在不同的企业面前表现出不同的形式。同时，不同企业对于把握机遇的准备不同，机遇出现的时间也不同。化蛹为蝶讲究时机和环境，企业腾飞也是如此，要在经济危机过后出现的大量机遇面前，不盲动，不跟风，耐心等待，仔细观察，选择最佳良机。

> **一语珠玑** 对于那些实际上影响我们一生前途和最后归宿的事件，我们甚至也只能知道其中的一部分。还有数不清的大事——假如称之为大事的话——差点发生在我们身上；然而却在我们身边掠过，没有产生什么实际效果；甚至也没有反向任何亮光或阴影到我们的心上，使我们察觉到它们的接近。
>
> ——霍桑

法则52

山雀喝奶

——创造全新的盈利模式

20世纪初，在英格兰乡村，有一套比较完善的牛奶配送系统。送奶工每天凌晨，都会将牛奶放在各家各户的门口，那时候的奶瓶口没有盖子，因此很多山雀和红知更鸟纷纷赶在主人拿走牛奶之前，享受这送上门的免费早餐。后来，牛奶公司发现了这个问题，开始用铝箔纸封住奶瓶口，以为这样一来，就不会受到鸟类的偷食了。但过了几十年，人们惊讶地发现，英格兰乡村几乎全部的山雀，都学会了刺穿奶瓶铝箔纸封口，继续品尝人们的美味牛奶，而红知更鸟却没有享受到这一特殊待遇。这些山雀，可以说找到了一个新的觅食技能。山雀的行为，对企业家来说，有什么样的启发呢？那就是找到一个全新的盈利模式。牛奶对于鸟类来说，如同市场出现的新产品，一开始，山雀和红知更鸟都能享受到这个美味，都能从市场中分得一杯羹。可是随着市场的门槛的提高，红知更鸟被淘汰出局，而山雀由于"产品升级换代"——能啄破锡箔纸封口，进而寻找到了一种新的盈利模式。

企业盈利的模式有很多种，随着经济危机的发生，企业原有的盈利模式可能已经无法适应危机过后经济复苏的需要，更新盈利模式将是企业重新回归市场必须要做的功课。如果企业打算进入一个尚未成熟的行业，那就要使自己的企业标准处于较高的水准，让自己的企业标准成为行业标准的重要参照。这样一来，在新的行业里，企业就会处于先入为主的有利地位。如同跳高运动，起点高才能跳得高。这样做的好处是使企业具有较高的利润保护能力，以及递增的规模效益能力，自然能带来比低标准企业多得多的利润，并能使企业始终处于行业的核心区域，保住企业的核心地位。如果企业进入的是成熟行业，那就要创新自己的产品，加快新产品研发的速度，使企业的标准远远超过行业标准，以便随时可以向旧标准宣战，为企业争取一个有利的位置。

弱肉强食的丛林法则，同样适用于经济活动中。一个发展势头良好的企业，肯定有其独特之处。发展是硬道理，但是在经济危机中，发展的前提就是先要学会生存。企业要生存就首先要学会盈利，每个成功的企业都有其自身盈利的真经。有些企业甚至可以用一个简单的公式加以表述，例如IBM的"财富＝服务×（尊重＋创新＋激励）"，福特的"日薪五美元＝三千万美元"；有些企业更是简单的一句话，例如巴菲特的"简单和永恒"，比尔·盖茨的"微软离破产永远只有十八个月"等等，都是企业经营理念、管理方法的高度浓缩，是一个企业的精神灵魂。

彼得·德鲁克曾经说过："管理是一种实践，其验证不在于逻辑，而在于成果。"在严酷的市场竞争中，每天都在上演着成功和失败的悲喜剧，善于学习，善于借鉴，善于从别人的盈利模式中发现并找到适合自己的模式，不失为一种建立新模式的好方法。

【案例分析】

惠普公司之所以能取得目前的突出成绩，很大程度得益于它内涵丰富又契合市场的经营理念公式：资本＋知识＝人才＝财富。惠普的创办人比尔·休利特和大卫·帕卡德，对"资本＋知识＝人才＝财富"这个公式的解释是："人才就是资本。人才是知识的载体，知识是人才的内涵；人才是企业不可估量的巨大资本。而知识就是财富。因而，对于企业而言，人才＝财富。"这让人们认识到，惠普公司不同于传统的企业，在当今信息化时代，它始终处于技术更新最快的领域里，它对知识与人才有着非常强烈的渴求。在吸引、留住、培训、用人方面，惠普一直走在时代的前列。这个公式也让惠普的员工感觉到，他们每个人都是重要的，他们的每项工作都是重要、不可或缺的。

创业初期，惠普曾实行一项奖励补偿措施，如果生产超过定额，就会得到一笔较高的奖金。接着又推行一种"利润分享"的制度，鼓励员工一起分享企业成功的快乐。在惠普挤满各阶层员工的自助餐厅中，用不了3美元，就可以享受到一顿品种丰盛的午餐。

惠普的公司目标总是一再修订，然后重新印发给每位员工。每次惠普都重申公司的宗旨："组织之成就乃每位同仁共同努力之结果。"着重强调惠普对富于创新精神的员工所承担的责任，这是驱动公司成功的最重要力量。正如在公司目标引言中强调的那样："惠普不应采用严密之军事组织方式，而应给全体员工以充分的自由，使每个人按其本人认为最有利于完成本职工作的方式，为公司的目标做出各自的贡献。"

拥有多样化的员工，并由此带来多样化的思想，一直是惠普竞争优势的主要来源。休利特曾这样说过："惠普的这些政策和措施来自于一种信念，就是相信惠普员工想把工作做好，有所创造。只要给他们提供适当的环境，他们就能做得更好。"

"尊重员工，相信每一个员工的能力"，这就是惠普能够在自己的领域上始终唯我独尊的强大武器。

【怎么办】

有100个人，就有100种盈利模式。所谓创新盈利模式，并非是一句话就能解决的问题。只有根据企业自身的特点，找到适合自己的模式，才能有所收获。而不是照搬照抄，一会儿学微软，一会儿又学可口可乐；刚看好松下，转眼又盯上了SONY，变来变去，无所适从，最终只能邯郸学步，连起码的盈利模式都丢掉。在经济春天的到来之前，未雨绸缪认准自己的盈利区域，选好自己的盈利模式，并学会保护好自己的利润增长点，才不至于手忙脚乱，出师未捷身先死。

> **一语珠玑** 假如你希望在你的生活中也获得那样的机遇，你必须播种，而且最好多播
> 种，因为你尚不清楚哪一粒种子会发芽。
>
> ——坎贝尔

法则53

冬眠的动物醒来了

——扩张机会，实现两个升级

可能没人注意，冬眠的昆虫，到了春天里是何时醒来、怎样醒来的？也许有人会说，天气暖和了，自然就醒来了，好像气温是主要的原因。而实际情况并没有这么简单。冬眠的昆虫要想醒来，首先必须喝足水分。昆虫冬眠前，为了降低冰点，免遭冻害，必须排出体内大部分的水分，越冬期间，又会消耗一部分水分，等到春天到来，体内所剩水分已经降低到了极限。失水过多，就会妨碍昆虫的正常活动。在苏醒之前，它们必须借助身体的表皮、呼吸系统、消化系统等各种具有吸水功能的器官，尽可能多地补充水分，等身体所需水分吸收充足，才开始慢慢行动，直到行动自如。如果春天过于干燥，吸收不到足够的水分，往往就会造成昆虫大量死亡。除了要吸收足够的水分，有些昆虫要靠食物的刺激才能苏醒过来。苏醒的时间与所需食物的生长季节有着密不可分的关系。例如以卵越冬的蚜虫，只有寄主开始发芽，它们才会冲破卵壳，钻出来吸吮嫩芽的汁液，寄主的萌芽时间就是蚜虫孵化的信号弹和起床铃。昆虫醒来尚需足够的条件，经济危机中冬眠的企业，要想苏醒过来，也要做好充分的准备。

一半是海水，一半是火焰。很多企业家都会这样描述经营管理中的感受，既充满了光荣与梦想，又蕴含了无奈和辛酸。尤其是处于经济危机中，企业家更是如坐针毡，寝食难安。好不容易熬过了漫漫寒冬，各个企业摩拳擦掌，跃跃欲试，就等春天吹响的第一声号角了。这种急不可待的心情，当然可以理解，但是，越是这样的时刻越需冷静、沉稳，不可慌了手脚，以免欲速不达。就像昆虫要苏醒前需吸足水分一样，作为一个企业，先要做好各项复苏前的准备工作，看看资金够不够、技术准备如何、设备是否到位、人员是否到岗、制度是否健全。准备好这些基础的东西，企业是不是就可以高枕无忧地等待春天的到来呢？显然不行，还有更重要的任务等着企业来完成。这时候，企业最重要的工作是什么呢？那就是实现两个升级：其一是技术产品升级，其二是规模框架升级。第一个升级是技术升级，技术升级的目的就是为了产品和服务升级。这是核心业务的升级，也是核心竞争力的升级；这是企业生存的根本，也是企业前进的动力。第二个升级是规模框架的升级，危机前的规模框架，肯定已经不适应新的市场要求，升级已是必然。规模是效益的保证，没有规模，企业的利润就无法得到有效的实现。企业也要像虫蛹化蝶一样，必须先做好身体内部一系列变化的准备，才能迎接春天的来临。经济危机过去，一切都要重来，能否趁机蜕变成翩翩起舞的蝴蝶，那就看企业自身是否具备相对的条件了。传统的企业经营模式，大多像是在做加减法。有时企业过分相信自己的技术优势和经营能力，靠惯性长期重复自己的模式和经验，对市场缺乏敏感，没有合作意识，创新力不足，眼光短浅没有大局观等，导致企业步步萎缩，直至破产。有时企业又过于相信多元化、规模化，盲目扩张，导致战线过长，或者有了数量，但品质难以保重，顾此失彼，最后导致船大滩浅，进退两难。而实现两个升级的结合，是做乘法。企业不再局限于员工、设备等有形的资源，而是内靠核心业务，外借资本的力量，对行业交叉整合，如巴菲特与可口可乐，使企业价值最大化，财富增长高速化。

至此，本书的寒冬之旅即将结束，让我们用一个小故事作为彼此道别的礼物吧！

【趣闻快读】

有一天，一位绅士走进纽约花旗银行贷款部，衣着华贵，举止得体，贷款部经理急忙迎上前去问候致意："先生，有什么事情需要帮忙吗？"

"哦，我想借些钱。"绅士礼貌地说。

"好的，先生，您想借多少？"

"一美元。"

"您只借一美元？"

"是的，一美元，可以吗？"

"当然可以，只要有足够的担保，多借也是可以的。"

绅士从名牌皮包里取出一堆珠宝，堆在桌子上说："这些担保可以吗？价值50万美元，够吗？"

"当然够，当然够。不过，您真打算只借一美元？"贷款部经理惊异地问。

"是的。"绅士接过一美元。"年息为6%。只要您付出6%的利息一年后归还，我们就可以把这些珠宝还给你。"经理说。"好的。"绅士说完就准备离开银行。

站在旁边观看的分行行长大感不解，他无法相信眼前这一切都是真的，于是他追上绅士说："尊敬的先生，请您留步。您用价值50万美元的珠宝作抵押，为何只借一美元呢？如果您想借30万、40万，我们也愿意效劳的。"

"啊，是这样，我来贵行之前，咨询过几家银行的金库，他们的保险柜和租金，都很昂贵，所以，我就准备在贵行寄存这些珠宝。只有您这里的租金最便宜，一年才6美分。"说完，这位绅士高兴地走了。

让我们把这位绅士的身影，当作春天里吹来的一缕暖风，永远陪伴在我们的身边吧！

一语珠玑 每人都有一个好运降临的时候，只看他能不能领受；但他若不及时注意，或竟顽强地抛开机遇，那就并非机缘或命运在捉弄他，实在唯有归咎于他自己的疏懒和荒唐；我想这样的人只好抱怨自己。

——乔叟

图书在版编目（CIP）数据

动物思维：新常态下企业生存之道 / 王汝中著. —
杭州 ：浙江大学出版社，2016.6
ISBN 978-7-308-15621-9

Ⅰ．①动⋯ Ⅱ．①王⋯ Ⅲ．①企业管理—通俗读物
Ⅳ．①F270-49

中国版本图书馆CIP数据核字(2016)第036463号

本书经由厦门凌零图书策划有限公司代理，经知青频道出版有限公司正式授权浙江大学出版社出版中文简体字版本。非经书面同意，不得以任何形式任意重制、转载。

浙江省版权局著作权合同登记图字：11-2015-125号

动物思维：新常态下企业生存之道

王汝中　著

责任编辑	黄兆宁
责任校对	杨利军　高士吟
封面设计	周　灵
出版发行	浙江大学出版社
	（杭州市天目山路148号　　邮政编码　310007）
	（网址：http://www.zjupress.com）
排　　版	杭州林智广告有限公司
印　　刷	浙江印刷集团有限公司
开　　本	710mm×1000mm　1/16
印　　张	13.25
字　　数	189千
版 印 次	2016年6月第1版　2016年6月第1次印刷
书　　号	ISBN 978-7-308-15621-9
定　　价	36.00元
